現代における宗教者の育成

現代における宗教者の育成

弓山達也［責任編集］
財団法人国際宗教研究所［編］

大正大学出版会

目　次

序　　　　　　　　　　　　　　　　　　　　　　　　　　　弓山達也　1
　──なぜ「宗教者の育成」なのか──

第Ⅰ部　シンポジウム「現代における宗教者の育成」

今日における伝道者育成の課題　　　　　　　　　　　　　　戒能信生　9
　──日本基督教団の場合──
　　1　日本基督教団とは　9
　　2　日本基督教団の教職制度　9
　　3　日本基督教団の教職養成　12
　　4　教師に関するデータ　13
　　5　日本基督教団の教師養成の課題　19

その現状と問題点　　　　　　　　　　　　　　　　　　　　塩入法道　21
　──天台宗（伝統教団）と大正大学（仏教系大学）を中心として──
　　はじめに　21
　　1　天台宗の教師育成システム　22
　　2　天台宗の教師・住職の現状　22
　　3　大正大学における教師育成システム　24
　　4　宗門教師育成における問題点　24
　　5　大学における子弟育成の問題点　27
　　6　新しい展開　27
　　7　宗教者（伝統教団の僧侶・住職）育成のためのビジョン　31

神職養成の概要と課題　　　　　　　　　　　松本　丘　35
  1　神職資格（階位）　35
  2　研修制度　39
  3　神職数の推移　40
  4　神職養成をめぐる問題点　40

とくに天理教校第二専修科をめぐって　　　　安井幹夫　47
  1　天理教教師への道　47
  2　教師数の推移　48
  3　天理教校（本科・専修科・付属高等学校と第二専修科）　49
  4　第二専修科　52
  5　世襲化の問題　55
  6　通用しなくなった台詞　60

コメント／ディスカッション　　　　　　（司会）弓山達也　63
  〔コメント〕　宗教界に新しい活力を　　　　　井上治代　64
  〔コメント〕　外の世界とのつながりを　　　　対馬路人　71
  〔ディスカッション〕　　　　　　　　　　　　　　　　76

第II部　宗教者の育成の現状と課題

仏教系大学における宗侶養成教育の現状と課題　　安達俊英　109
──浄土宗および佛教大学を中心に──
  はじめに　109
  1　仏教系大学における宗門子弟の教育の現状と課題──佛教大学を中心に──　109
  2　佛教大学通信教育部における僧侶養成　114
  3　佛教大学別科（仏教専修）における僧侶養成　115
  4　浄土宗主催の養成講座における僧侶養成　117
  5　浄土宗の僧侶養成全般に関する問題点　118
  おわりに　122

宗教者の養成と社会福祉 藤本頼生 125
――神社神道との関わりから――

    はじめに　125
    1　神職養成・研修の面からみた社会福祉　126
    2　社会福祉活動に対する神社神道の教学・理念　127
    3　「福祉文化」と「地域福祉」　131
    4　神社界の福祉活動の歴史　132
    5　地域力の再生と神職の役割　134
    おわりに　137

立正佼成会学林教育の理念とその課題 篠崎友伸 141

    はじめに　141
    1　学林建学の基本理念　142
    2　学林教育のなかで，期待される人物像とは　144
    3　本科教育の教科について　146
    4　学林寮における教育　150
    5　学林での特徴ある行事　152
    おわりに――実践的宗教者の育成の課題として――　153

第III部　宗教者育成の現場から

行の宗教から出会いの宗教へ 本山一博 157

    はじめに　157
    1　求道者型の限界　157
    2　霊的エリートへの疑問から「出会い」へ　160
    3　行から「出会い」へ　163

寺院の世襲・子弟の発心 高丘捷佑 167

    1　世襲の是非　167
    2　先輩という支え　168
    3　尊敬できる指導者／できない指導者　170

4　寺院と「出家」　172
　 5　学びの場の尊さ　174

スピリチュアリティを育み伝える　　　弓山達也　177
　 1　スピリチュアリティとは宗教経験それ自体である　177
　 2　スピリチュアルケアへの関心の高まり　179
　 3　スピリチュアリティはどう伝えられているか　182
　 4　スピリチュアリティと宗教者の育成　186

あとがき　　　弓山達也　191
執筆者紹介　193

――コラム――

比叡山で学んだこと	輪田友博	33
伊勢の神宮と明治神宮で学んだこと	福島謙一	44
型と心	福島謙一	69
居士林道場体験記――在家の視点から――	池田祐子	104

写真撮影協力＝藤田庄市
装丁＝石川幸太郎

図表一覧（第I部のみ）

図 I-1　教師の推移
図 I-2　教師の男女比の推移
図 I-3　補教師検定試験合格者の出身神学校の推移
図 I-4　教師の年齢別構成の推移
図 I-5　補教師検定試験合格者の年齢推移
表 I-1　日本基督教団の教師の構成
表 I-2　補教師検定試験合格者の出身神学校の推移
表 I-3　教師の年齢別構成の推移
表 I-4　補教師検定試験合格者の年齢推移
表 I-5　北海教区2002年度謝儀基準

表 II-1　伝統既成教団の寺院数
表 II-2　年度別比叡山行院遂業（終了）者数
表 II-3　天台宗の現寺院数と住職数
表 II-4　天台宗の現教師数
表 II-5　大正大学の学部生のうち，宗門出身学生等の人数の推移
表 II-6　叡山学寮生の推移

図 III-1　神職養成課程体系図
図 III-2　神職数の推移
図 III-3　男女別神職数の推移

図 IV-1　天理教校第二専修科卒業生　進路別長男と二男～七男の割合
表 IV-1　年別教人及びよふぼく数
表 IV-2　年別よふぼく，教人及び教人を除くよふぼく数
表 IV-3　天理教校本科卒業生数及び進路
表 IV-4　天理教校専修科卒業生数及び進路
表 IV-5　天理教校第二専修科入学生数及び卒業生数
表 IV-6　天理教校第二専修科卒業生の教会における立場
表 IV-7　天理教校第二専修科卒業生の家族における立場
表 IV-8　天理教校第二専修科卒業生の進路
表 IV-9　天理教校第二専修科卒業生　各期別教会長数及び就任率
表 IV-10　天理教校第二専修科卒業生　進路別長男と二男～七男の数

編集付記

1. 本書は，財団法人国際宗教研究所主催の公開シンポジウム「現代における宗教者の育成」（2004 年 11 月 13 日，大正大学巣鴨校舎 1 号館）に基づいて再構成したものである．
2. 構成の詳細は弓山による「序」を，参加者・執筆者については巻末の「執筆者紹介」を参照されたい．
3. 第 I 部（発題およびコメント／ディスカッション）は，参加者の校閲を経ている．発題は主旨が変わらない範囲での加筆訂正を含み，コメント／ディスカッションは省略した部分がある．
4. 第 II～III 部は，シンポジウムとは別に書き下ろされた．

序
―――なぜ「宗教者の育成」なのか―――

弓山達也

課題としての「宗教者の育成」

　1990年代，とりわけ1995年のオウム真理教の地下鉄サリン事件以降，宗教に対する無関心が急速に拡がっていった．2003年1月に発表された朝日新聞社の世論調査では，「宗教に関心がある」と「多少関心がある」をあわせても23％であり，残る77パーセントは「関心がない」と答えている．2005年9月発表の読売新聞社の世論調査でも，この傾向は同様で，「宗教は大切であると思うか」という問いに対して，「大切」35％に対し，「そうは思わない」60％であった．その中にあって，宗教者の役割とはいったい何であろうか．教育や地域や医療の現場で，例えば宗教教育の担い手として，地域のご意見番として，ホスピスにおけるスピリチュアルケア・ワーカーとして，宗教者の役割を期待する声はあるものの，実際の現場で宗教者の姿を見ることは稀である．宗教者は現代人にとってどのような意味があるのだろうか．

　宗教に対する無関心が広がる一方，宗教者の不祥事や行状が面白おかしく報道される傾向は弱まることはなく，宗教者の質はかつてないほどに厳しく問われている．しかしながら新規リクルートにおいても，家族内継承においても，教団運営の世代交代においても，次世代の信仰の担い手の質的向上について完璧なマニュアルというものは教団内に存在しない．

　少子高齢化の波に社会全体がさらされる現在，教団のみがそれに無関係ではいられず，教団の担い手の高齢化や信仰の次世代継承の不十分さが懸念されている．日本の教団の多くは世襲化によって，次世代への継承を成し遂げてきたが，価値観の変化により，今まで当たり前に行なわれてきた世襲が，若い当事者に当然のこととみなされなくなってきた．むしろ世襲化は，組織の硬直化と

運動の弱体化をもたらすものとして，あるいは「私物化」や「親の七光り」と結びつけられてネガティブに語られる向きすらある．かかる風潮において，後継者と目されている彼／彼女らが，すすんで宗教者の道を歩むことに躊躇いを覚えることは想像に難くない．

　宗教者の質を一定のレベルで持続させることは，その教団の要(かなめ)であろう．信仰を次世代に伝え，これをどう高めていくかは，教団の最も深刻な課題の一つであるといっても過言ではない．換言すれば，これは，宗教者の担うべき質，つまり宗教性や霊性（スピリチュアリティ）そのものを問う，抜き差しならない問題でもある．

　さらに，この問題は宗教者の家庭内の教育や宗教系大学の教育課程の問題とも密接に結びついている．また，教団には，さまざまな課題に応える特化された教師を養成する機関やプログラムがある．海外布教師，平和活動等に従事するリーダー，医療や看護の分野におけるケア・ワーカーなどの養成も，広い意味で「宗教者の育成」に含めることが可能であり，そう考えると，問題のすそ野は実に広い．そして，多くの教団で，教育制度や資格取得に関する改革が重ねられている．

　本書は，現代における宗教者の育成についての現状，課題，現場からの声をレポートするものである．しかしながら，世間一般には，こうした教団や宗教者の奮闘努力は，ほとんど知られることはないだろう．教団や宗教界の閉鎖的な体質もあるが，日本の社会の宗教への無関心や「腫れ物に触る」ような雰囲気が，その背景にあるとみていい．宗教や信仰することが，人間にとって極めて重要なことであるにもかかわらず，宗教セクターと非宗教セクターとの垣根は高く，その間の意識のズレは大きい．また宗教界でも教団の宗教者育成のプログラムの実施状況や課題は，あまり情報共有されることはない．その意味で本書は，一般市民にとっても宗教者にとっても，具体的な情報共有の貴重な一助となるに違いない．

公開シンポジウム「現代における宗教者の育成」

　本書は 2004 年 11 月 13 日に東京にある大正大学で開催された，財団法人国際宗教研究所主催の公開シンポジウム「現代における宗教者の育成」における

発題と議論の記録を中心に，当日の参加者やシンポジウムの趣旨に心寄せる執筆陣を得て編集されたものである．「宗教者の育成」とは，上述の通り，かなり議論の幅があろう．信仰深い家ならば子ども教育は，すなわち宗教者の育成であり，宗教立の学校でも児童・生徒・学生の教育には宗教者の育成の側面があるかもしれない．信者が布教者の役割を担う新宗教にあっては，信者のリクルート自体が宗教者の育成ということにもなる．ただ，本書前半のシンポジウムの記録（第Ⅰ部）では，現代における宗教者をめぐる諸課題を，主に次世代の信仰の中心的な担い手（神職，僧侶，神父・牧師，教師，布教師など）の育成に絞って議論するものであった．この点は第Ⅱ部と第Ⅲ部も，基本的な議論の範囲は同じである．

シンポジウムのパネリストは，戒能信生氏（日本基督教団農村伝道神学校講師），塩入法道氏（大正大学助教授），松本丘氏（神社本庁教学研究所録事），安井幹夫氏（天理教校研究所研究員）であった（所属などは当時のもの）．パネリストからは，各教団における教師の育成のシステム，教師数の推移と現状，教師育成の上での特筆すべき事例や抱えている課題の話があった．

戒能氏からは，日本基督教団の教職制度についての概説があり，神学大学や神学校を経ない教師養成コースの存在，神学校進学者における新卒者の減少と中高年の増加，謝儀（給与）についての諸問題に対する報告があった．

塩入氏は，寺院子弟が天台宗僧侶となる基本パターンを示し，その上で主に宗門大学を念頭においた諸問題（人格陶冶，信仰心，学力，家庭教育，一般学生からの乖離）について報告された．

松本氏は神職数の推移を示し，全神職数の微増と宮司数の減少をとらえ，地方神社における兼務神社の増加と都市部の神職数の増加を示唆した．

安井氏は天理教校第二専修科（高校を含め8カ年一貫教育）の立ち上げの経験から，この数十年を振り返り，生徒ならびに生徒の親子関係の変化を指摘した．

シンポジウムのコメンテーターは，井上治代氏（ノンフィクション作家）と対馬路人氏（関西学院大学教授）にお願いした（所属などは当時のもの）．井上氏から (1) 大学教育（至上主義）の限界，(2) 世襲制とモチベーション，(3) 宗教性やスピリチュアリティを育む問題，(4) 宗教団体の企画力や社会性，(5) 女性教師の増加に関する質問とコメントがあった．

対馬氏からは（1）プログラムの具体例を示してほしいとの要望のうえ，井上氏と同様に，（2）女性や幅広い層，さらに（3）外部を巻き込む戦略に関する質問が続いた．

ここに至って，パネリストはやや内情に関する議論を展開することとなり，特に宗教者としてのモチベーションアップや，スピリチュアリティの開発・深化に関する具体的な状況が話されることとなった．戒能氏はかつて寮制度が果たした役割が今では機能しづらくなった現状について述べ，松本氏は社家でない自身の経験から，神社実習について，また神職の生涯学習について話をした．安井氏は，第二専修科の具体的なプログラムを1年ごとに説明し，どのように「魂に徳をつけるのか」を説明．一方，塩入氏は子弟が嫌々仏門に入りつつも「あきらめる」ことと，そうすることによりモチベーションは後からついてくることを述べた．

フロアーからの質問は，社会のニーズをとらえ，社会性を育む教団戦略を問うものと，スピリチュアリティめぐる求道型の宗教性に関するものに大別されようか．特に前者に関しては，発題の中で，取り込むべき女性層を「予備軍」と称する認識自体が，実際の女性教師の活動に鑑み，いかがなものかとの苦言も呈せられた．

こうしたやりとりを経て，各パネリストの前半の貴重な資料やサーベイを盛り込んだ発題とあいまって，具体的な内部事情が見えてきたという印象を参加者は共有したことであろう．また当初，当該問題に関しては世襲化の問題が焦点化される予測を筆者は持っていたが，むしろ，世襲化を前提として，それをどうプラスに機能させるかという議論がなされたと思う．またモチベーションや求道型の宗教性に関しては，自分探しが先行して，拠点運営がおろそかになったり，燃え尽きてしまったりと，単にこれを高めることの失敗例がパネリストから事例報告され，むしろこれをどうコントロールしつつ高めていくかという模索が語られた．さらに，社会（世俗）や地域との接点や宗教受容層のニーズの把握抜きには宗教者の育成は語れないとの了解も得られたであろう．

宗教者育成の現状・課題・現場から

本書第II部は，浄土宗，神社本庁，立正佼成会において，宗教者育成に関

わりを持つ3名の執筆者の論考を収めている．

　安達俊英氏は浄土宗を設立母胎とする佛教大学における僧侶養成を論じている．そこでは正規課程のカリキュラムだけでなく，通信教育部，別科，そして大学とは別に設置されている浄土宗宗務庁主催の養成講座が紹介され，そこでの問題点が指摘されている．

　藤本頼生氏は，近年の福祉や街づくりに関する動きに対して，地域住民の核の一つとして公共的性格を帯びてきた神社とそこに携わる神職の活動を述べ，そこに社会参加・社会貢献と神職養成の可能性を見ようとしている．

　篠崎友伸氏は立正佼成会の教師・リーダー養成機関である学林の歴史と教団内で担ってきた役割とその課題を，主に教師養成の本科生を事例に紹介している．

　藤本氏の論文は地域力の担い手としての神職の役割に注目したもので，コミュニティの時代といわれる今世紀における宗教者育成の一つの指針を示すものと見てよいだろう．安達氏と篠崎氏の論考には，宗教者育成における理論と実践の兼ね合い，有資格者のフォローアップ，育成される側の資質の問題など，宗教者育成において広く共有されるべき課題が提起されている．

　第II部が育成する側からの視点に重点を置いているのに対して，第III部の本山一博氏と高丘捷佑氏は，むしろ自らが育成される側であったことを思い起こしながら筆を進めている．

　本山氏は，第I部のシンポジウムでたびたび話題になったモチベーションやスピリチュアリティをどうコントロールするのかという議論を引き受ける形で，自身の瞑想実践・実験を語っている．

　高丘氏は自らの僧侶となる，決して順風満帆とはいえない過程をおいながら，自分の前に立ちはだかった幾重もの障害について述べている．はからずも二人とも「開かれた」ということがキーワードになっていると考えられる．

　最後に拙稿を掲載することとした．拙稿では，2つのスピリチュアルケア・ワーカー養成をとりあげ，そこには教団を活性化し，宗教者の宗教性を育む宗教の根幹的な性格が認められることを示唆した．筆者の立場は「あとがき」の通り，基本的には育成される側でも，する側でもない．しかし拙稿はカリキュラムや制度よりも当事者やそこで育まれるスピリチュアリティにより関心を払っているという点から，第III部に配置することとした．

「宗教者の育成」に関する開かれた議論を

　宗教者の育成は，教団の根本に位置する緊急の課題であり，多くの教団で，その担当部署を設置している．しかし，本書編集の際の執筆者とのやりとりや第Ⅰ部のシンポジウム終了後の懇親会では「どこまで話していいのかわからなかった」という声をたびたび聞いた．そこからも，この課題が広く宗教界で議論され，共有されているとはいえないことがうかがえる．

　本書は，現代において宗教者の育成がどのように行なわれ，そこでの課題を教団・宗派を超えて議論することを目指すものである．前述の通り，教団の置かれている位置は社会的に厳しい状況にある．だが宗教は人類文化の中心にあって価値観の源泉となってきた．世界に目をやれば多くの国や地域で，現在も宗教はその役割を担っている．宗教に対する無関心が広がるわが国にあっても，その文化や人々の精神性は宗教とつながり，例えば死生観や他界観や霊魂観を抜きにして，わが国の文化や精神性を語ることはできない．教団や宗教者は，それを蓄え伝える核であり，媒介者であるともいえる．今，心や教育に関して現代人は強い関心を持っているが，そこで宗教について言及することはタブーであり，宗教者自身も専門家を前に口を噤んでしまった感すらある．しかし，心や教育の問題は，本来，宗教が得意とする分野であり，そこには傾聴すべき知恵がたんたんとたたえられているはずである．

　このような観点に立てば，次世代の信仰の担い手の育成について思いを凝らし，問題を共有することは，社会的にも大いに意義あるものと考えられる．宗教者の質の向上を抜きにして，社会的資源としての宗教が認められることはありえないし，社会的資源としての宗教がその力を発揮することは，豊かな社会を実現するうえで極めて重要なファクターになるに違いない．その意味で，宗教者の質の向上を目指し，その育成を議論することは，社会全体の質をうらなう重要な問いかけを含むものとなるであろう．社会における教団や宗教者の役割・可能性を信じ，心寄せる方々との議論に向けて，本書を世におくりたい．

第Ⅰ部

シンポジウム「現代における宗教者の育成」

シンポジウム「現代における宗教者の育成」——発題①

今日における伝道者育成の課題
―― 日本基督教団の場合 ――

戒能信生

1　日本基督教団とは

　日本基督教団は，1941年，日本におけるプロテスタント諸教派が合同して成立した合同教会です．つまり様々なプロテスタント教派が合同した教団で，戦後，いくつかの教派は離脱して元の教派に戻っていますが，教団には主要教派の多くが残り，結果としてこの国においてガリバー型に大きいプロテスタント教派として現在に至っています．と言っても，仏教や神道，あるいは新宗教などの巨大教団とは違って，全国で17教区，約1,700の教会，信徒総数約20万人，現任教師約2,200人という規模でしかありません．

2　日本基督教団の教職制度

　日本基督教団の教職制度は，比較的シンプルで，正教師と補教師の二種教職制度を取っています．つまり，神学校を卒業すると，まず補教師検定試験を受け，その合格者が各教区で受け入れられて補教師となります．補教師として各教会などで2年間仕えた者が，正教師検定試験の受験資格をもつことになり，正教師試験を受験して，その合格者が各教区で正教師として承認されることとなっているのです．
　さらに，この正教師と補教師は，それぞれの職務によっていくつかの類別に分けられます．教師の類別のうち現任教師としては，教会担任教師，巡回教師，神学教師，教務教師，在外教師があります（表I-1参照）．ごく簡単に説明しますと，教会担任教師は，全国に約1,700ある各個教会に仕える教師で，2004年度の現在，1,892名が働いています．巡回教師は，一つの教会の責任を負う

表 I-1　日本基督教団の教師の構成

	正教師 男	正教師 女	正教師 合計	補教師 男	補教師 女	補教師 合計	正・補教師合計 男	正・補教師合計 女	正・補教師合計 合計
教会担任	1381	248	1629	173	90	263	1554	338	1892
巡回	7	2	9	0	0	0	7	2	9
神学	27	0	27	6	0	6	33	0	33
教務	149	29	178	34	22	56	183	51	234
在外	14	3	17	2	2	4	16	5	21
合計	1578	282	1860	215	114	329	1793	396	2189
休職	1	0	1	0	2	2	1	2	3
無任所	255	46	301	131	96	227	386	142	528
隠退	414	84	498	16	30	46	430	114	544
合計	669	130	799	147	126	273	816	256	1072
総計	2248	412	2660	362	242	604	2610	654	3264

（2004 年 3 月 31 日現在）

のではなく，その教区で任命されて幅広く諸教会に仕える教師のことで，現在 9 名が任命されています．神学教師は，各神学校で教職養成の責任を負っている教師で，現在 33 名が登録されています．教務教師は，各キリスト教主義学校，あるいは様々なキリスト教社会事業の施設などで働いている教師たちを位置づけたもので，現在 234 名が働いています．在外教師というのは，海外の日本人教会などで働く教師のことで，現在 21 名が登録されています．以上が現任教師として位置づけられ，その合計は 2,189 名となっています．

次に，休職教師ですが，これは病気やそのほかの事情で休職している教師のことで，現在 3 名が登録されています．無任所教師とは，具体的に働く教会や学校などをもたない教師のことで，現在 528 名が登録されています．その実態はなかなか複雑ですが，教師と結婚して無任所になっている女性教職や，様々な事情で牧会の現場から離れている者たちです．約 500 名いる無任所教師のうち約 100 名は，ふさわしい任地があればすぐにでも赴任する用意のある人たちと推測されています．隠退教師は，読んで字のごとく隠退した教師のことです．現在 544 名が登録されています．しかしこの隠退教師は，隠退した教師であって，信徒ではないのです．したがって，お元気な隠退教師の中には，各地の専任牧師のいない教会の説教の応援などの奉仕をして喜ばれている場合が非常に多いのです．以上のような教師の総計が，3,264 名となります．

さて，次に図 I-1 ですが，これは以上紹介した教師の類別の主なものの，1950 年以降の推移を 10 年ごとにグラフ化したものです．一番上の折れ線が教

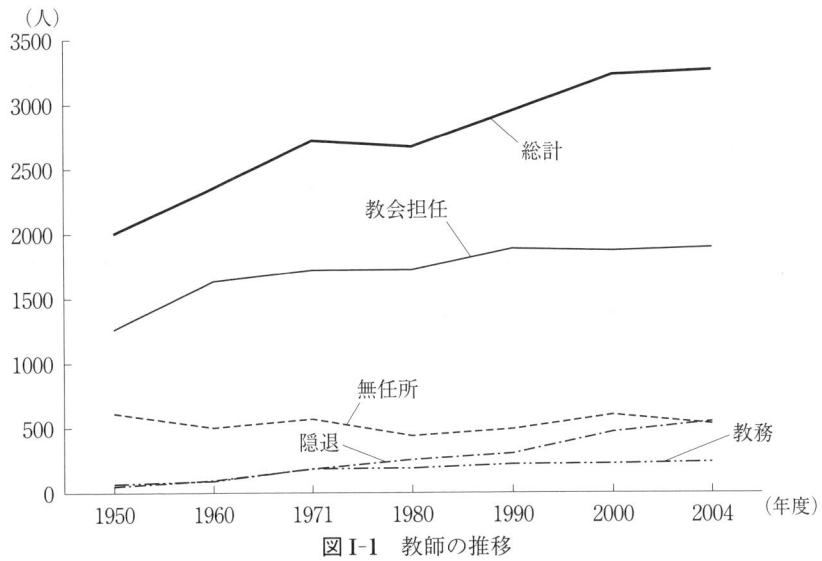

図 I-1　教師の推移

師総計の推移を示しています．二番目の折れ線が，教会担任教師の推移，三番目の折れ線が，無任所教師の推移，その下は隠退教師の推移，そして一番下の折れ線が教務教師の推移を表わしています．これを見る限り，日本基督教団において，各個教会などの働きの場所に，現在のところ必要な教師は少なくとも人数的には充当されていると言えるでしょう．

　図 I-2 は，教師のうちの男性と女性の割合の推移を，パーセンテージにしてグラフ化したものです．これを見ると，日本基督教団の場合，戦後 50 年間，女性教師の割合は 20％ 前後でほとんど変化がありません．教団の信徒の男女比は，男性 1 に女性 2 という割合なので，教師における女性の比率がもう少し高くなってもいいはずですが，常に約 2 割の指数が続いているというこのデータは，一つの課題を示していると言えます．しかし，教会担任教師における女性の割合の推移を見ると，戦後間もない時期は 12.3％ にすぎなかったこの数値が，少しずつ増加して現在 18.9％ になっていることは注目すべき点だと考えられるでしょう．すなわち，各個教会において女性の担任教師が少しずつではあるが，確実に増加しているということを，それは意味しているからです．

今日における伝道者育成の課題　　11

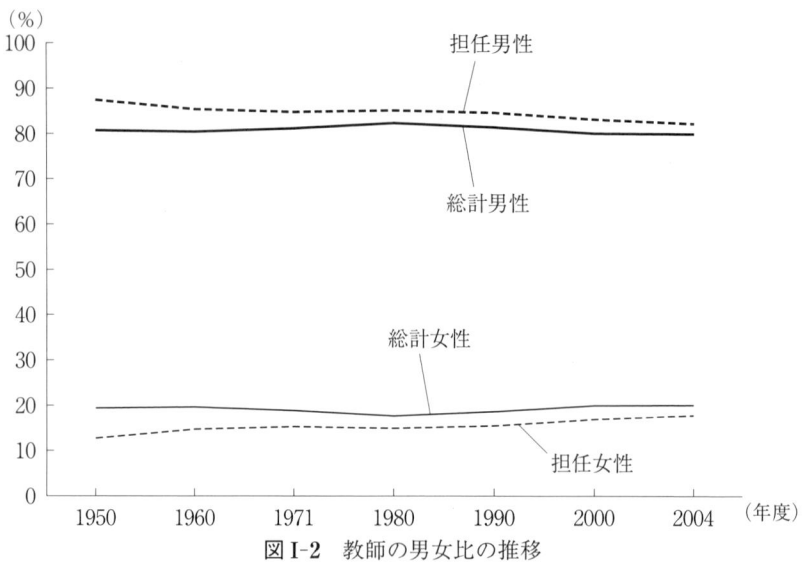

図 I-2　教師の男女比の推移

3　日本基督教団の教職養成

　さてそれでは，教団の教師をどのように養成しているかですが，基本的には教団立，あるいは教団認可の各神学校に教職養成を委託しています．したがって，それぞれの神学校を卒業した者が，各教区の推薦を受けて，教団において補教師検定試験を受験し，その合格者を教師として登録するという形を取っています．教職養成を委託している神学校は，東京神学大学，同志社大学神学部，関西学院大学神学部（以上が大学），日本聖書神学校，農村伝道神学校，そして東京聖書学校（この三つは専門学校としての位置づけ）です．その場合，それぞれの神学校の大学院（博士課程前期）を終了した者たちには A コース，学部卒業生は B コースという分別をしています．もうひとつ C コースというのがありまして，これは神学校を経ないで，教師試験を受けるコースです．C コースの試験は 3 カ年にわたり，ギリシア語などの語学を始め，神学諸科の全科目を受験するということになっています．表 I-2（図 I-3）は，過去 20 年の各神学校出身者の補教師検定試験合格者の推移を表わしたものです．これによると，過去 20 年間の実績では，東京神学大学が 32%，同志社大学が 18%，関西学院大学が 12% などとなっています．この表で注目すべきは，その他・C

表 I-2　補教師検定試験合格者の出身神学校の推移

年度	東京神学大学	同志社大学神学部	関西学院大学神学部	日本聖書神学校	農村伝道神学校	東京聖書学校	その他・Cコース	合計
1984	24	12	9	5	3	6	11	70
1985	30	8	9	3	2	3	10	65
1986	21	14	4	6	4	5	8	62
1987	23	12	12	5	5	1	6	64
1988	25	19	5	7	3	6	7	72
1989	21	6	7	11	6	3	11	65
1990	26	11	12	7	5	2	12	75
1991	11	11	8	9	2	0	15	58
1992	24	14	4	6	2	3	7	60
1993	25	9	6	6	4	1	13	64
1994	17	8	4	6	6	4	13	58
1995	21	12	6	6	10	4	9	68
1996	23	17	6	15	4	4	23	92
1997	27	14	11	7	5	1	13	78
1998	16	14	7	3	7	7	10	64
1999	25	10	10	9	4	1	21	80
2000	27	10	10	10	4	3	10	74
2001	24	14	14	7	3	3	9	74
2002	14	17	14	6	1	3	7	62
2003	22	10	13	4	3	6	12	70
合計	446 (32.4%)	242 (17.6%)	171 (12.4%)	138 (10.0%)	85 (6.2%)	66 (4.8%)	227 (16.5%)	1375

コースの項目で，すなわち神学校を経ないで教団の教師になった者が徐々に増えてきて，総計で 16.5% に達していることです．教団全体の教勢が停滞，あるいは下降の状態の中でも，教師の志願者が一向に減っていないのは，一つにはこの C コースの存在があるのではないかと考えられます．はっきりといえば，C コースというのは，神学校に行かないわけですから，ある意味で経済的な負担や様々なリスクが少ない道と言えます．学力のことは置くとしても，教師になるためにクリアしなければならないバーを低く設定しているという見方も出来るかもしれません．その意味で，この C コースは今後の教師養成の課題の一つであると思います．

4　教師に関するデータ

それでは，教団の教師に関するデータの，特に年齢別構成について紹介しておきましょう．表 I-3 は過去 20 年間の教団の教師（現任教師と無任所教師）

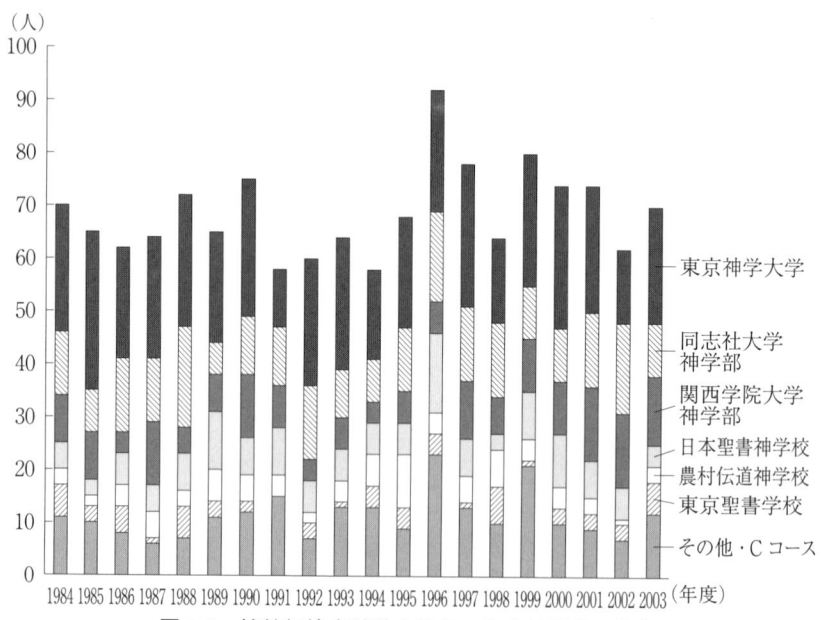

図 I-3　補教師検定試験合格者の出身神学校の推移

の年齢別構成の推移を表わしたものです．このデータを取り始めた1985年の項目を見ますと，年齢別構成がいびつというか，ある年代に大きな山があることに気づかされます．当時40歳代の教師が579名，50歳代の教師が797人と突出して多く，それは合わせて全体の6割に近い割合を示していました．これは敗戦直後のいわゆるキリスト教ブームの時期に，多くの若者たちが教会に押し寄せ，その中から教師になった者たちがきわめて多かったことの反映と考えられます．すなわち20年前には，教師の年齢別構成はきわめていびつであり，将来の危機が予測されていたのです．例えば，教団は隠退教師年金制度を苦労して維持しており，リタイア後の教師の公的年金の少なさを多少でも補おうとしているのですが，この世代の教師が一斉にリタイアすると，年金局の財政が破綻することも懸念されていたのです．また，教師が隠退すると，その後任の教師が必要ですが，一時的に教師不足の状態が起こりかねないという深刻な心配がありました．しかし幸いなことに，2004年度現在の教師の年齢別構成を見ると，各世代に平均して分布されていることが分かります．図I-4は，その推移をグラフ化したもので，2004年度の現在がもっとも各世代のバランスが

14　現代における宗教者の育成

表 I-3　教師の年齢別構成の推移

	20歳代	30歳代	40歳代	50歳代	60歳代	70歳代	80歳以上	合計
1985年度	75 (3.2%)	340 (14.6%)	579 (24.9%)	797 (34.3%)	287 (12.3%)	186 (8.0%)	61 (2.6%)	2325
1990年度	124 (4.9%)	416 (16.4%)	525 (20.7%)	738 (29.1%)	552 (21.7%)	116 (4.6%)	69 (2.7%)	2540
1995年度	105 (3.9%)	467 (17.3%)	507 (18.8%)	688 (25.5%)	729 (27.0%)	138 (5.1%)	67 (2.5%)	2701
2000年度	95 (3.5%)	457 (16.8%)	514 (18.9%)	595 (21.8%)	688 (25.3%)	324 (11.9%)	51 (1.9%)	2724
2001年度	104 (3.8%)	436 (16.0%)	545 (20.0%)	565 (20.7%)	670 (24.6%)	361 (13.2%)	45 (1.7%)	2726
2003年度	90 (3.3%)	410 (15.0%)	578 (21.1%)	541 (19.8%)	647 (23.6%)	417 (15.2%)	54 (2.0%)	2737
2004年度	76 (2.8%)	395 (14.4%)	611 (22.3%)	525 (19.1%)	645 (23.5%)	430 (15.7%)	64 (2.3%)	2746

現任教師と無任所教師

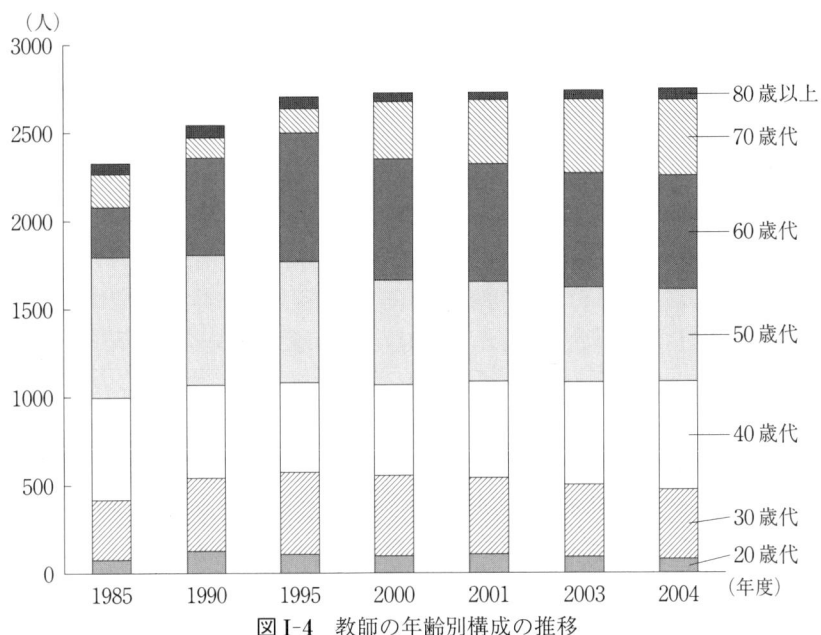

図 I-4　教師の年齢別構成の推移

とれていることが分かります．

　表 I-4 に教師になる者たちの年齢別構成はどうなっているかのデータも加えておきました．これは補教師検定試験合格者の年齢別構成の，過去 11 年間の推移です．図 I-5 はそれをグラフ化したものです．これを見ると，過去 11 年

今日における伝道者育成の課題　　15

表 I-4　補教師検定試験合格者の年齢推移

年度	20歳代	30歳代	40歳代	50歳代	60歳代	70歳以上	総計
1993	25	24	7	9	3	1	69
1994	24	21	5	4	6	0	60
1995	33	21	10	3	6	0	73
1996	36	23	15	6	12	2	94
1997	31	30	9	7	4	1	82
1998	25	17	6	13	3	2	66
1999	25	28	8	10	10	0	81
2000	28	20	9	10	6	3	76
2001	41	19	4	6	6	1	77
2002	30	13	6	5	7	2	63
2003	22	17	10	13	10	0	72

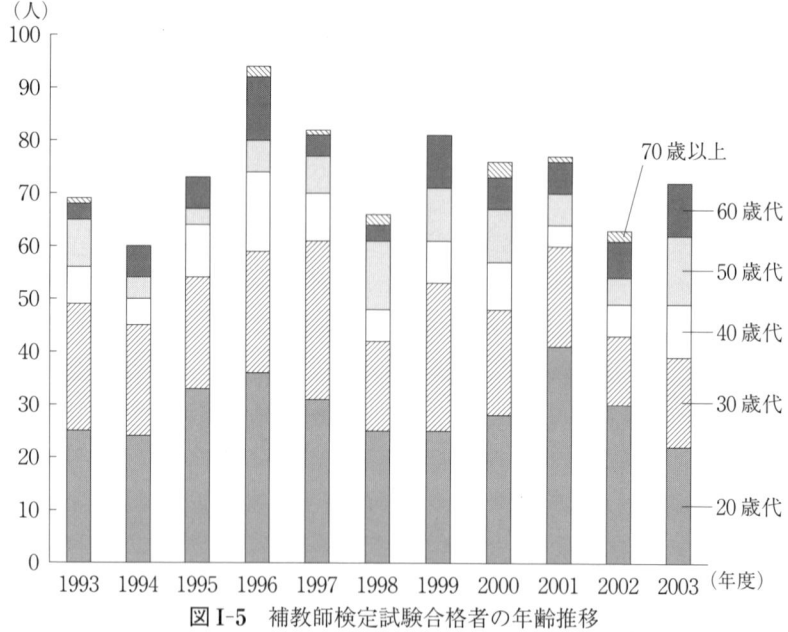

図 I-5　補教師検定試験合格者の年齢推移

間に，教団の教師なった者たちの年齢構成では，20歳代が39％，30歳代が29％となっています．つまり教団の教師になる者たちの約7割は20歳代，30歳代であるということを意味しています．しかし，それ以上の世代，40歳代，50歳代，そして60歳代の割合も，ほぼ10％ずつあることが分かります．これはいわゆる脱サラと言える場合，さらに一般の職業生活をリタイアした後，

教師を志願するというケースが増えていることを示しています．特に，最近のデータでは，20歳代の教師志願者が減ってきていることがわかります．これは，各神学校の抱えている困難とも重なりますが，現在のモラトリアム社会の反映か，高校を卒業して直ちに牧師になろうと神学校に進学する若者は，やはり少なくなっていると言わざるを得ません．例えば，教師を最も多く養成している東京神学大学を例に取ってみても，ここ10年ほど学部1年生の入学者がわずか数名という事態が続いています．2年次編入，3年次編入などを合わせると，何とか卒業時には30名前後になるのですが，しかし1年次には明らかに定員を大きく割っています．大学関係者はすぐにお気づきのことと思いますが，定員を大きく下回った場合，文科省の私学助成にペナルティーが課せられることになっており，この点が大学制度を取っている各神学校の大きな悩みです．したがって，同志社大学神学部のように，入学資格からクリスチャン条項を外したり，あるいは関西学院大学神学部のように，社会福祉コースを神学部内に併設したりというある種の工夫が凝らされているわけです．

　さて，今回のシンポジウムの発題をお引き受けしてから，改めて調査したデータについてご紹介しましょう．それは教師の二世率，すなわち教団の教師の両親のいずれかが教師である割合はどれくらいかという調査です．かく言う私も牧師の息子なのですが，牧師の子供が牧師になっている割合はどれくらいだろうという問いは，誰もが抱く疑問です．しかし実はこれを調査する適切な方法がないのです．そこで，いくつかの教区や地区からサンプリング調査を試みてみました．そのため，このデータは，あくまで参考値としてご理解いただきたいので，資料に掲載はしませんでした．牧師の二世率についてのサンプリング調査の結果では，T教区K支区76人中13人，17.1％，H支区57人中6人，10.5％，T支区78人中10人，12.8％，N教区143人中24人，16.8％という数値が上がってきています．つまり教団の教師の二世率，言葉を換えますと世襲率（但し，必ずしも親が牧会した教会の後を継ぐという意味ではありません）は，平均すると15％前後ということになります．これが多いか少ないかということは，解釈の分かれるところでしょう．因みに，カトリック教会の場合のこの二世率がどうなっているでしょうか――．もちろんこれはジョークです．カトリック教会では神父の独身制を維持していますので，この数値は0％ということになります．

今日における伝道者育成の課題

表 I-5　北海教区 2002 年度謝儀基準

年齢	2000 年度現行基準	2001 年度改定基準
24	210,100	210,100
25	217,900	217,900
26	226,100	226,100
27	235,400	235,400
28	244,800	244,800
29	254,300	254,300
30	263,900	263,900
31	273,600	273,600
32	283,600	283,600
33	293,600	293,600
34	303,600	303,600
35	313,600	313,600
36	323,700	323,700
37	333,800	333,800
38	343,800	343,800
39	353,700	353,700
40	363,500	363,500
41	373,200	373,200
42	382,800	382,800
43	392,300	392,300
44	401,500	401,500
45	409,600	409,600
46	417,000	417,000
47	424,400	424,400
48	431,400	431,400
49	437,800	437,800
50	443,400	443,400
51	448,900	448,900
52	453,800	453,800
53	458,300	458,300
54	462,700	462,700
55	467,000	467,000

1：本表は，国家公務委員の教育職俸給表(二)2級4号俸～2級32号俸(1996年度勧告で用いた暫定俸給月額を継続)を準用した教区謝儀基準である．
2：56歳以上は55歳と同額とする．
3：謝儀年額は，謝儀月額に扶養家族給(別表)を加算した額の16ヶ月分とする．

　最後に，教師養成と直接結びつかないかもしれませんが，教師の謝儀，すなわち給与のことに触れておきたいと思います．教団の教師の謝儀は，原則としてその仕える各個教会によって賄われることになっています．表I-5は，北海教区の謝儀基準です．これは国家公務員の教育職俸給表を準用して作成されています．つまり公立中学の教員の給与に準じているわけです．どの教会がどれだけの給料を支払っているかの実際は，日本基督教団の場合，毎年発行されて市販されている『教団年鑑』にすべて掲載されています．これによると，全国

（別表）　扶養家族

続柄	現行基準	2002年度改定案	備考
配偶者	16,000円	16,000円	
子，孫及び弟妹	6,000円	6,000円	満22歳以後の年度末又は在学中
父母及び祖父母	3,000円	3,000円	満60歳以上
障害者	続柄各項と同額	続柄各項と同額	身体障害者手帳等の交付を受けている者
奨学加算（従来の奨学手当を扶養家族給に統合し，特別謝儀の算定基準とする．）	自宅　3,000円 自宅外　5,000円	自宅　3,000円 自宅外　5,000円	満16歳の年度初めから満22歳の年度末まで

注：扶養家族給の支給対象は，原則として所得税扶養控除対象者とする．

の教会の経常会計収入総額は，約132億円．その中で教師謝儀は61億円余を占めます．一教会あたりに平均すると，約370万円余ということになります．つまり教団の牧師は薄給なのです．しかし，この金額すら満たせない教会があるのも事実です．小規模な教会や，発足して間もない伝道所がそうしたケースです．そのような教会の牧師の謝儀については，教区ごとに互助制度が作られて，資金がプールされ，実情に応じて援助されることになっています．これによって，経済的には自立できない教会や伝道所も，何とか専任の牧師を迎えて教会活動を続けることが出来ているということになります．勿論様々な困難や課題はたくさんあるのですが——．

5　日本基督教団の教師養成の課題

　この点については，もう既に前項目で内容的には触れています．ご紹介した日本基督教団の教師に関する各データから，教師養成の課題はある程度まで見えてくると言えるでしょう．時間がなくなりましたので，ディスカッションの際に，いくつかの課題について付け加えてお話ししたいと思います．

シンポジウム「現代における宗教者の育成」――発題②

その現状と問題点
――天台宗（伝統教団）と大正大学（仏教系大学）を中心として――

塩入法道

はじめに

　10年以上前になりますが，大正大学関係のある女性に伝統教団の寺院の長男との結婚話が持ち上がった時，その姑からまず「男の子を産んでもらえますね」と言われたそうです．現在一般在家でもこのような話は出ないでしょう．その女性はこれに憤慨し結局この縁談は流れてしまいました．この話には女性の人格蔑視ということの他に，住職夫婦に子ども（特に男子）が出来るかどうか，そもそも寺の跡継ぎが普通に結婚出来るかどうか（それは制度や戒律上の問題ではなく，例えば地方の農家の長男に嫁のなり手がいないということと同じ意味においてでありますが），など深刻な問題をはらんでいます．晩婚少子化の傾向は当然寺院にまで及んでいます．一般寺院においては，寺が家業化し世襲が当り前ですが，その世襲すら危うくなってきているのです．これは寺院の後継者あるいは宗教者としての資質や能力や育成方法以前の問題です．今ここでは寺院の家業化や世襲の是非について論ずるつもりはありませんが，このような現状の中で，如何に後継者を確保し宗教者として育成していくか，この点を考えてみたいと思います．

　なおこのシンポジウムのテーマについて，表II-1のように70,000寺以上ある伝統仏教教団全体にわたって言及することは不可能ですので，私が関係する天台宗と大正大学の場合を中心に，現状の報告と若干の私見を述べたいと思います．日本の仏教教団はその数も多く，本テーマに関しても個々に様々な取り組みがなされていますが，基本的な部分については共通の問題意識や悩み，あるいは危機感を持っていると考えられますし，宗門系大学も同様でしょう．今回の報告は，これらのいわば縮図として見ていただければ幸いです．

表 II-1　伝統既成教団の寺院数

奈良仏教系	天台系	真言系	浄土系	禅系	日蓮系	合計
443	3,932	10,233	30,141	19,151	6,481	70,381

1994 年現在

1　天台宗の教師育成システム

天台宗の教師になる場合，一般的には，

①師僧のもとで得度受戒し僧籍登録する．師僧は実父のことが多いが，縁のある住職の場合もある．

②昔であれば小僧生活に入る．今は宗門系の教育機関である大正大学や叡山学院で学ぶことが多い．

③60日間の加行（けぎょう）に入り，顕教・密教の修行を行なう．今はふつう「比叡山行院」に籠って行なう．

④この段階（①・③が必須条件）で検定に合格し宗務庁に申請すれば，教師登録される．→最下の僧階（僧侶の階級）が得られる．

⑤入檀灌頂・円頓授戒・広学竪義・開壇灌頂等の儀礼を受け，大学等で取得する僧階単位，諸研修，あるいは上位の検定試験等の積み重ねにより，僧階が上がっていく．

⑥住職・副住職となるためには，他の条件も必要であるが，教師となっていることが最低条件である．

という段階を踏むことになっています．一般社会の感覚でいえば，③が最も修行らしい期間でしょう．この行院の遂行者数の推移は表 II-2 の通りです．なお，延暦寺一山の諸寺院の住職になる本山教師の場合は，これとは別にさらに 3 年間の籠山が必要となります．

2　天台宗の教師・住職の現状

天台宗の現寺院数と住職数および教師数は表 II-3, 4 の通りです．

兼務住職や無住職寺院を少なくするように努力がなされてはいますが，正住職のいない寺がかなりあります．教師の身分は，住職・副住職・前住職・法嗣の教師・未教師（法嗣）等です．「法嗣」とは上記①の得度した子弟で寺院の

表 II-2　年度別比叡山行院遂業(終了)者数

年度	遂業者数	年度	遂業者数
1975	83	1990	67
1976	87	1991	83
1977	85	1992	93
1978	78	1993	91
1979	82	1994	106
1980	55	1995	92
1981	74	1996	95
1982	66	1997	91
1983	87	1998	87
1984	83	1999	96
1985	64	2000	93
1986	62	2001	75
1987	65	2002	85
1988	73	2003	90
1989	92		

表 II-3　天台宗の現寺院数と住職数

	寺院数	住職数	兼住職数	無住職他
法人寺院	3097	2285	684	128
非法人寺院	252	101	88	63

2004 年 10 月現在

表 II-4　天台宗の現教師数

身分	住職 男	住職 女	副住職 男	副住職 女	前住職 男	前住職 女	法嗣の教師 男	法嗣の教師 女	未教師(法嗣) 男	未教師(法嗣) 女	僧侶総計
人数	2270	101	268	16	194	24	1329	386	1794	1017	7399

教師総数は男：4061，女：572，合計：4588である．
2004 年 10 月現在

跡継ぎ・住職予備軍ですが，何らかの縁で得度はしたが僧侶の道を歩まない者もあります．「法嗣の教師」とは④で，教師の資格は得ているが，まだ住職・副住職になっていない者を指します．

　教師数の時代による推移は精確なデータがなく不明ですが，戦後寺院数は大きく変化していないので，教師数についても大きな変化はないと思われます．ただ，法嗣の教師・未教師（法嗣）に占める女性の割合が多くなっていることは注目したいと思います．これも過去の精確なデータがなくその推移をたどることが出来ませんが，印象としてもそう見えます．このことについては後に触

れます．

3 大正大学における教師育成システム

大正大学はその設立宗派として天台宗・真言宗豊山派・真言宗智山派・浄土宗があり，それぞれの宗派の子弟養成のために，仏教学科内に資格科目として僧階科目が設定されています．ただしこれらの単位を取得したからといって，そのままで各宗派の僧侶や教師になれるわけではありません．教師になるため，あるいは上位の僧階を取得するための条件が良くなるのです．教師の任命はあくまで宗派によります．大学はいわば僧侶養成の補助機関であります．

科目の内容や必須単位数は宗派によって異なりますが，
　①各宗派の教義教学部門：教理体系・宗典概説・教団史研究・教理研究
　②各宗派の実践布教部門：法儀研究・悉曇・詠唱・伝道学
等の科目がカリキュラムに組まれています．なお②に付随して各宗派の集中法儀研修が夏休みを中心に組み込まれており，これらも必須です．仏教学科の宗学コースに席を置く学生は，学科の必須単位と僧階単位が重複しており，大学を卒業することにより，多くの僧階単位も取得できるようになっています．

ところで宗門出身学生のうち，他学科に席を置く学生も，近年は減少ぎみですが，2割程度はおり，これらの学生で僧階単位が必要な者は，資格科目として仏教学科の僧階関係科目を履修しています．大正大学の全学部生は17年間に2倍弱に増加していますが，宗門出身者はほぼ一定していることがわかります．表II-5の通りです．また僧階単位を取る学生は男子が圧倒的に多く，女子はかつては少なかったのですが，この10年来増える傾向にあります．

4 宗門教師育成における問題点

天台宗では総合研究センター・第4研究班において宗門子弟養成の諸問題が検討されています．ここではその最近の会議の報告書の一部を紹介しておきます．

表II-5　大正大学の学部生のうち，宗門出身学生等の人数の推移

		1987年	1991年	1995年	2000年	2004年
宗門出身学生 （全学科全学年）	男 女 合計	530 90 620	558 94 652	494 87 581	533 115 648	 591
仏教学科全体 （宗門出身学生 含む全学年）	男 女 合計	575 64 639	684 117 801	672 144 816	745 132 877	 710
学部生総数	男 女 合計	1652 911 2563	1862 1277 3139	1667 1482 3149	1987 1691 3678	 4795

注：ほぼ4年ごとの集計である．2004年は男女数のデータはない．

【平成15年8月20日会議・抜粋】
・肝心なのは，宗教者としての人格完成へ向けての過程について，現今の教育機関での方法が伝統的な師資相承の僧堂教育に代りうるかということであろう．一般社会に通用する教養を身に付けるための教育課程と，僧侶としての人格陶冶の道程の接点が模索される．
・宗教者としての人格陶冶に欠かせないのは良き指導者の存在である．全人格的な触れ合いと，全時間的に生活を共にすることが現在の状況下で可能だろうか．もしこれが不可能ならば，代替の方法は何なのか．

【平成15年9月17日会議・抜粋】
・僧俗共に信仰心が薄れ行く傾向を見るにつけ，僧侶養成の過程で一定の期間山修山学を履修することが将来の人間像形成に欠かせない．過去の寺檀制度に依存した形態が何時まで存続するか．既成宗団のいずれもが一定期間の研修制度の見直しをしつつある．
・現在の仏教系大学に学ぶ法嗣の資質にもよるが，教育当事者として危機感を抱かざるを得ない状況にあることは事実だ．経営の必要で一般学科を併設したことで経営は安定したが，建学の精神が喪失されようとしているジレンマがある．
・僧侶養成課程を考えるとき，単純に過去の育成方法を適用することの是非を再考したい．留意したいことはカリキュラムにおいて法嗣が誇りをもって履修できる教育方法であるべきで，単一化・形式化することを避け，生活環境・本人の資質・希望する進路も考慮して，選択肢を広げたい．

・後継者養成と共に現職研修の実施を視野におくべきで，現行の僧階昇級規定と関連して見直しをする必要があろう．参考として，現行の教師検定試験規則を考慮したい．
・行院制度の1年間拘束（現行60日）は，いたずらに時間的期間を意味するものでなく，意識改革を意図するものであり優秀な人材発掘のきっかけとしたい．籠山制の現代化として考えたい．
・修行の道場の環境整備を図りたい．本山中心の考え方になりがちだが，地方教区を活性化したい．昔は，師匠・兄弟弟子・法類などの関係が機能していた．現在は法人化された組織にあって，代替機能を教区が負わなければならない．

【平成16年1月24日，会議・抜粋】
・宗教の基礎要件は，①戒律（生活規範・家庭での規制），②信仰（自律的・呪術性），③教義（経典・儀礼作法）である．この要件は自ら求める意志と，最適な状況下で与えられる教育が完成に導く．
・内に向けては教師研修態勢の充実を計り，外に向けては社会との関わりとしてボランティア体験等により，課題意識と自己評価をマスターする．
・具体案として
　イ）教区での後継者養成制度を創設する．対象者は，初級＝小学校，中級＝中学校，上級＝高校とし，仏教とは何か→祖師の行蹟・時代背景・宗義等の基礎知識を体得し，寺院生活に誇りを持つよう指導をする．
　ロ）統一性のあるカリキュラム・マニュアルを策定し，法嗣研修課程を実施する．期間は短期研修とし，夏休み等の機会を活用する．
　ハ）中央研修機関としての行院は，1年又は3年のコースの選択制とし，受講者の任意性を重視する．現行研修会規則との整合性を図り，履修者に特典を考慮する．（例：功績進級加点・本山非法人教会住職輔任等）
　ニ）教区研鑽機関の整備充実を図り，法嗣研修のみでなく現職研修も含めて地域の特性を活かしつつ，全国的な人材育成の大局を見据えた施策が要望される．

このように，宗内でも総論的には様々な議論がされており，新しい宗教者養

成システムの構築も模索されています．しかし最初に述べたように，寺院の家業化・世襲化の中においてすら僧侶の卵そのものが減少していきますし，優秀な子弟は他の分野に出て行ってしまうことも多いわけです．また親としても寺を継がせることが第一の目的であるので，宗教者としての資質・研鑽についてはどうしても甘くなっているのが現状であります．さらに他の職業に就かなければ経済的に成り立たない寺院も多いので，一律に研修期間を長くしたり厳しくすることも問題です．

5 大学における子弟育成の問題点

問題の本質は宗門と同じであります．問題点としては，
- ①学力の低下：入学者の学力や意欲の低下がまず問題です．ただし他大学を卒業してから，僧階取得のために編入する学生が毎年1～2割いますが，これらの学生は学力も意欲もほぼ備わっています．
- ②寺庭教育の欠如：宗門子弟の場合，多くは寺院で生活していながら，その生活様式は一般家庭とほとんど変わりないといえます．このことから大学生になっても単に僧階単位を取得することのみに関心をよせ，宗教者としての自覚がなかなか形に表れません．
- ③一般学生との乖離：宗門子弟が悪い意味で集団化あるいは特殊化され，一般学生から非難・中傷を受ける場合があります．このことは仏教界全体に対する批判につながる恐れともなるわけです．

等々です．学内で改善する努力はなされてはいますが，①については入試そのものから考えなくてはならないでしょう．

6 新しい展開

天台宗における公募制の僧侶育成

平成7年から公募により僧侶になりたい者を「叡山学寮生」として育成する試みが始まりました．募集資格は，「年令20歳以上35歳までの独身男子，大学あるいは短大卒業以上の者，健康で修行に耐えられる者」となっています．書類で応募後，体験入寮を経て面接による選考を行ない許可されます．期間は

表 II-6　叡山学寮生の推移

	志願者数	願書応募数	採用者数	遂業者(終了)数
第1期生	91	31	5	5
第2期生	16	14	3	2
第3期生	5	5	1	0
第4期生	14	7	0	0
第5期生	13	2	2	2
第6期生	4	2	1	1
第7期生	10	6	2	
第8期生	10	5	2	

注：第1期生は1995年　2004年現在4名が在寮中

2年間で，その間に加行等も受けることができます．

　この制度は発足した当初はマスコミに紹介されたりして，表II-6のように，希望者も多かったのですが，現在は漸減の状況にあります．またせっかくの遂業者もなかなか寺院の後継者となり得ず，平成16年度は募集を見送り，来年度以降も検討中であります．せっかく作り上げた制度ですが，希望者の多くはどちらかといえば求道者タイプであり，地域の宗教者・寺院経営者を養成するという宗門の思惑とギャップがあるのではないかと思います．応募資格や研修内容を再検討する必要があるでしょう．

女性の進出

　はじめに述べたように一般寺院は家業化・世襲化しており，それを継続したい場合，娘しかいなければ養子をとるか，それも出来なければ娘が跡を継ぐしかありません．少子化の現代この傾向が多くなってきました．このことの是非はさておき，それが現実ならば，女性に配慮した宗教者育成の方策を立てることも急務でありましょう．

　ここに仏教学科学部生橋本比呂子さんが，卒業論文制作にあたって行なったアンケートの結果がありますので紹介しておきます．

大正大学で僧階科目を履修している女子学生に対するアンケート結果

（平成16年10月）

※約60名の内27名から回答を得た（無記名）．抜粋して紹介する．（ ）内が集計数

1. まずあなたご自身のことをうかがいます．
    （1）ご出身は？（寺院の方はどれかの宗派に，在家の方は在家に◯印を付けて下さい）
    　　　　①浄土(4)　　②天台(9)　　③豊山(6)　　④智山(3)
    　　　　⑤その他(0)　　⑥在家(5)
    （2）大学での所属は？
    　　　　①学部生(19)　②大学院生(2)　③聴講生(0)
    　　　　⑤職員(0)　　⑥その他(4)
    （3）年代は？
    　　　　①19歳以下(4)　②20～29歳(14)　③30～39歳(2)
    　　　　④40～49歳(2)　⑤50～59歳(5)
3. 本学で僧階単位を取得する目的は？
    ①僧侶（尼僧）になるため(16)　②取りあえず取っておきたい(5)
    ③僧階科目に興味がある(0)　　④その他(4)
4. 僧侶（尼僧）になるつもりですか？
    ①すでに僧侶の資格を持っている(10)　②なるつもりである(12)
    ③どちらとも言えない（迷っている）(4)　④できればなりたくない(1)
    ⑤全くなるつもりはない(0)
5. 4で①～④に◯を付けた方にたずねます．僧侶（尼僧）になる，或いはならねばならない理由は？
    ①僧侶（尼僧）という仕事が有意義と思うから(9)
    ②自坊の後継者となるため(12)　③その他(6)
8. 尼僧として結婚についてどう考えますか，結婚したいですか？
    ①している(6)　　②したい(12)　　③出来ればしたい(5)
    ④あまりしたくない(0)　⑤全く考えていない(2)　⑥その他(2)
9. 8で②・③に◯を付けた方にうかがいします．結婚する場合，夫は僧侶であることを望みますか？
    ①望む(3)　　②なるべく僧侶であってほしい(4)　　③どちらでもよい(8)
    ④あまり望まない(4)
10. お子さんがある場合，出来た場合，僧侶にさせたいですか？

①させたい(5)　　②本人が望めばさせたい(17)

③なるべくさせたくない(0)　　④させたくない(1)

その他，コメントやご意見などあればご自由にお書き下さい

- 現在未婚で剃髪していますが，将来的に結婚し子供を授かった時には，やはり僧侶というより母という立場を優先していかねばならないだろうと考えています．男性は子供を持っても自分が望む限り，一生僧侶であり続けられると思いますが，女性の場合それが難しいと思います．僧侶となった以上，結婚，子供を望むことの方が矛盾したことなのかもしれませんが，私にとってはいかにこの二つを両立させるかが大きな問題と考えています．(20代・未婚・寺院)
- 寺院僧侶の跡継ぎは世襲ではいけないと思う一人です．しかし続いている習慣をかえるのが難しいというならば，学生に心がまえを教えていただけないでしょうか？(50代・既婚・在家)
- 大学に入学する前は，尼僧になろうと考えている人はもっと少ないと思っていたが，多くて驚いた．僧侶は男性の職業だというイメージがとても強いと思う．加行を受けた友人も研修を受けた自分も男の人と一緒の修行なので，とてもつらいものだと思います．(20代・未婚・寺院)
- 同じ立場の女性の学生がいたのでここまでやってこれたと思います．もし男子学生の中，一人だけだったら，途中で断念，もしくは最初から取ろうとしなかったかも．(20代・未婚・寺院)
- 女性で僧階を取得する目的で本学にきている人はほとんどが女性だけの姉妹の長女あるいは一人っ子のために家を背負ってきている人達です．在家から入学し一緒に学んでみて，感想は，同じく世襲するため来ている男子よりもはるかに使命感・責任感を持って臨んでおり，根性は上まわっているということです．ひらたく言えば男より僧侶としての資格があるということです．(40代・未婚・在家)
- 今の宗教界に疑問を感じております．宗教・仏教とは何ぞやと常々考えております．(中略) 今の世襲制に疑問を感じております．もっと原点にかえるべきです．若い皆様に期待しております．(50代・既婚・寺院)
- 僧階取得そのものが目的ではなく，勉学・修行のプロセスを大事にしたく，結果として僧侶になれれば良いと思います．一般の人間ですので，法儀の授業等，一般社会に比較して，宗派の閉鎖的な一面にとまどいがあります．(50代・未

婚・在家）

7　宗教者（伝統教団の僧侶・住職）育成のためのビジョン

　以上を踏まえて，今後の伝統教団の僧侶・住職育成のためのビジョンを，私見ですが箇条書きで記しておきます．

1) 教団の組織的・システム的対応
- 一般社会から人材を取り入れるために，例えば天台宗のように公募制の工夫と推進，人材をプールする機関を充実させる．求道型人材とともに寺院経営も含む社会対応型人材に重点をおいた対応が必要．
- 教団どうしの連携，交流の強化をはかる．
- 教団（本山）が住職を派遣する寺院をより積極的に展開→家業からの脱却を目指す．
- 寺院，宗教活動の見直し→社会が寺院に何を求めているか，求めていないかを見極め，しっかり対応することが必要．

2) 教育現場での対応（例えば大正大学の主に寺院子弟に対して）
- 基礎能力のレベルアップ，宗教者意識の向上→最も困難か？
- 目的意識の明確化→伝統的な宗学からの脱却，社会のニーズを敏感に捉えるための教育を考える．
- 僧侶を目指す女子学生は確実に多くなっていくので，これに対するきめ細かい配慮が必要．
- 一方，僧堂的教育の充実も重要である→プロ意識・自信を植え付ける．
- 教員自身の意識改革．
- 寺院子弟以外で僧侶に興味ある学生，希望する学生に対して何らかのシステム的な対応を行なう．→人材の発掘．
- 宗門子弟と一般学生の融和を図ることで，それぞれの仏教の現状に対する理解をより深める．

　なお大正大学では平成17年度より，仏教学科も含む人間学部に，学科横断

型のNCC（ネクスト・コミュニティ・コース）が新設されました．NCCは，社会貢献や地域貢献のあり方や方法を模索し学び実践していくことを目的としたコースで，社会福祉や人間科学の分野を中心にしていますが，仏教精神に基づいて社会に貢献する人材（宗門子弟・在家学生）を育成するためにも有効なカリキュラムを組んでおります．また仏教学科・大学院においても従来の専門的な教理教学研究から脱却し，より実践的，社会対応的な応用仏教学の構想が具体化されつつあります．

　これらの試みを実行して行くことで，現代における宗教者の育成に新たな方向性が見出せるのではないかと期待されます．

〔コラム〕 比叡山で学んだこと（輪田友博）

　私は愛知県の天台宗寺院に生まれた．小学6年のときに比叡山で得度を行なった．そして大正大学に入学して3年の春と夏にわたり比叡山行院にて加行を行なった．ここではその加行の体験談を記したいと思う．

　天台宗の加行は合計60日間，比叡山横川の道場に籠り顕密の修行が行なわれる．先輩から大まかな修行生活について聞いていたため，比叡山に向かう足取りはとても重かった．まず非日常的な修行生活そのものが心身ともに大変であった．携帯電話などの情報機器持ち込み禁止は言うまでもない．世間と隔絶した空間に置かれて初めて普段がいかに便利で恵まれた生活をしているか痛感させられた．そして道場の規則はとても厳格であり，当番の仕事も確実に，かつ自ら進んでしなければならない．大正大学の学生以外にも宗門の教育機関である叡山学院や一般の大学生も多いため，慣れない者同士の集団生活にはときどき不穏な空気が流れた．

　食事はもちろん精進料理である．朝食は粥と沢庵のみ，昼食と夕食はおかずこそ付くが，大変質素な食事である．食べるときも音を一切立ててはならない．さらには食べ終わると，器にお茶を注ぎ，沢庵で洗って最後に全部飲み干す洗鉢という作法をしなくてはならない．食べることを含めて行動全てが修行であると行監先生から教わった．作務も修行の一環だ．道場周辺の落ち葉掃きや廊下の雑巾がけを責任を持ってやり遂げなければならない．作務は屋外に出られる貴重な機会だ．密教で用いる護摩木の用意が主な作業であったことを記憶している．気づくと比叡山での修行生活に体が自然と慣れていた．

　法儀に関しては前半に顕教を，後半に密教の手法を学ぶ．前半は大正大学の法儀授業で学んだことと重なることも多いが，密教は初めて知ることばかりである．顕教期間の非食（夕食）後には法華経の読誦と坐禅（天台宗ではこれを止観と呼ぶ）が行なわれる．どちらも正坐や結跏趺坐による足のしびれとの戦いだ．また顕教期間には毎朝晩の勤行に加えて何度か法要実習が行なわれた．導師作法はひとつでも間違えると先生から厳しく注意を受けた．そのため役が当たる前夜は徹夜で勉強や練習をした．その努力は今も大いに活かされている．私は特に後半の密教期間が印象に残っている．午前2時の起床，沐浴をした後，

食事以外は全て本堂に籠り護摩などの単調かつ過酷な毎日を繰り返していた．密教にもいろいろな行法があるため予習と復習が欠かせない．それに加えて道場荘厳という，本堂の準備も限られた時間で行なわなければならない．まさに無我夢中であり，辛い，眠いと弱音を吐く暇さえなくなっていた．

さらには三千仏礼拝行という，三千の仏の名を唱えながら三千回五体投地をする行も行なった．人目を遮るために扉を締め切り，熱気が充満した灼熱の堂内であるため意識がもうろうとする．膝や足に支障をきたして断念する仲間もいたが私は必死で耐え忍び，乗り切ることができた．この三千仏礼拝行は自分自身の限界に挑んだ荒行であった．

もうひとつ大きな行として，回峰行コースを巡る三塔巡拝が挙げられる．比叡山には東塔，西塔，横川の3つのエリアがあり，まんべんなく巡ると比叡山を一周できる．通る道は峰道や獣道であり，千日回峰をされる行者はここを毎日歩く．私は加行前には大正大学の法儀研究授業の一環として2度三塔巡拝を行なっている．そのときは，より実際の三塔巡拝に近い形として，夜間に懐中電灯の灯火だけを頼りに巡拝をした．加行時は昼間の回峰であったが，約25 kmの道のりは体力を要した．

合計60日間の加行を通して言えることは，全てが自分のための行であったということだ．行監の先生から「師僧や家族のためではなく，僧侶を志す自分自身のための行だ．」と何度となく諭された．誰もが臨むことのできないこの貴重な行の意義を大切にしたいと思う．今後私は入壇灌頂や円頓受戒などの行を行なうにあたり，加行を終えたときの清々しい気持ちを忘れずに持ち続けたいと思う．

シンポジウム「現代における宗教者の育成」――発題③
神職養成の概要と課題

松本 丘

1　神職資格（階位）

「神職」とは，特定の神社に所属して祭祀を執行する者の総称であります．神職の職名には，一社の長たる「宮司」，その指揮監督を受ける「禰宜（ねぎ）」「権禰宜（ごんねぎ）」などがありまして，女性神職も共通であります．ただし，「巫女」は神職の範囲に入らず，特に資格は必要とされていません．

一般にいわれている「神主」「神官」などは，歴史的に使われてきた通称でありまして，「神官」は厳密にいえば，戦前において純然たる国家官吏であった伊勢の神宮の職員を称する語でありました（昭和21年廃止．ただし，明治4～27年はすべての神職を「神官」と呼称）．

神社本庁は，神社の国家管理停止に伴いまして，全国神社の包括組織として昭和21年に設立されました．現在約8万の神社が包括下にありますが，その神社の神職たるには，神社本庁が授与する神職資格（階位）が必要となります．これは，それまで政府または地方長官が行なっていた神官・神職の任命を引き継いだものです．

階位

神職の階位に関しましては，神社本庁の設立当初は浄（じょう）・明（めい）・正（せい）・直（ちょく）の4段階でした．その名称は古代の宣命に見える語に基づいています．浄階には勅任または勅任待遇以上の神官・神職等，明階には奏任または奏任待遇以上の神官・神職等に授与されるなど，それまでの等級・資格に応じて切り換えが行なわれたわけです．

現在，神職資格には，浄階・明階・正階・権正階・直階の5段階が設けられ

ておりまして（昭和36年に権正階追加），神社本庁に設けられた階位検定委員会により検定が行なわれ，合格後，所定の神務実習を修了し，授与の申請をすると，はじめて階位が与えられます．

なお，神社本庁『役職員進退に関する規程』中の「別表に掲げる神社」（旧官国幣社等の大規模神社）の宮司・権宮司の任用には明階，その他の神社宮司及び別表神社の権禰宜の任用には権正階以上の取得が必要であるとされています．

階位取得の方法

最上位の浄階は，神職経歴，功績等の資格要件を具備する者に授与されますが，明階以下の階位検定には，試験検定と無試験検定によるものがあります．

　　イ．無試験検定
　　　A　神職養成機関の課程を修了する
　　　B　階位検定講習会を修了する
　　　C　神職養成通信教育を修了する
　　ロ．試験検定
　　　A　階位検定試験に合格する

イ―Aの神職養成機関は，現在以下の通りとなっています．

- 皇學館大学（三重県・神宮皇學館として明治15年創立，昭和15年官立大学となるが，21年廃校，37年私立大学として再興）
- 國學院大學（東京都・明治15年皇典講究所として創立，大正9年大学に昇格）
- 熱田神宮学院（愛知県・昭和25年熱田神宮普通神職養成所として創立，43年現在名に改称）
- 京都國學院（京都府・明治18年京都皇典講究所分所として創立，昭和30年学校法人認可）
- 志波彦神社鹽竈神社神職養成所（宮城県・昭和5年神社実務実習施設として創立，昭和18年神職養成所となる）

・神宮研修所（三重県・明治15年創立の神宮皇學館の流れをくみ，昭和44年に現在名にて発足）
・大社國學館（島根県・昭和13年発足）
・出羽三山神社神職養成所（山形県・明治16年皇典講究所山形分所として創立，昭和37年神職養成所となる）

このうち皇學館・國學院両大学の養成課程は，高等課程・専攻課程Ⅰ類・同Ⅱ類・明階総合課程の四課程からなっておりまして，高等課程及び専攻課程Ⅰ類修了者は「明階検定合格正階授与」，専攻課程Ⅱ類修了者及び明階総合課程修了者は「明階検定合格明階授与」となっています．

その他の養成機関には，予科・普通課程Ⅰ類・同Ⅱ類・専修課程（京都國學院のみ）が設置されておりまして，予科修了者には「直階」，普通課程Ⅰ類修了者は「権正階」，普通課程Ⅱ類修了者には「正階」が授与され，専修課程修了者は「明階検定合格正階授与」となります．

なお，國學院大學には，正階・権正階を取得できる「別科神道専修」コースも設けられています．（図Ⅲ-1参照）

イ—Bの階位検定講習会は，皇學館・國學院の両大学と，各都道府県に置かれている神社庁にて開催され，大学では正階・権正階・直階，神社庁では権正階・直階の講習会を受けることができます．期間は約1カ月で，それぞれの受講資格は，正階の場合は権正階，権正階の場合は直階を有することが条件となります．

イ—Cの通信教育課程は，財団法人の大阪國學院（大阪市，昭和52年創立）に設けられておりまして，2年間で権正階を取得できます．また，直階から権正階に昇階するための1年間課程もあり，年齢が満25歳以上，65歳以下，高等学校卒業以上が条件となります．

ロ—Aの試験検定は，明階・正階・権正階の階位について，定期と臨時の年2回，神社本庁と各神社庁にて行なっています．そのうち明階検定の試験科目は下記の通りで，方式は記述式，祭式・行事作法は実技を伴います．これらは皇學館・國學院における養成課程の科目とほぼ重なっています．

　神道概論・神道史・神道古典・神道文献・神道神学・祭祀概論・祝詞作

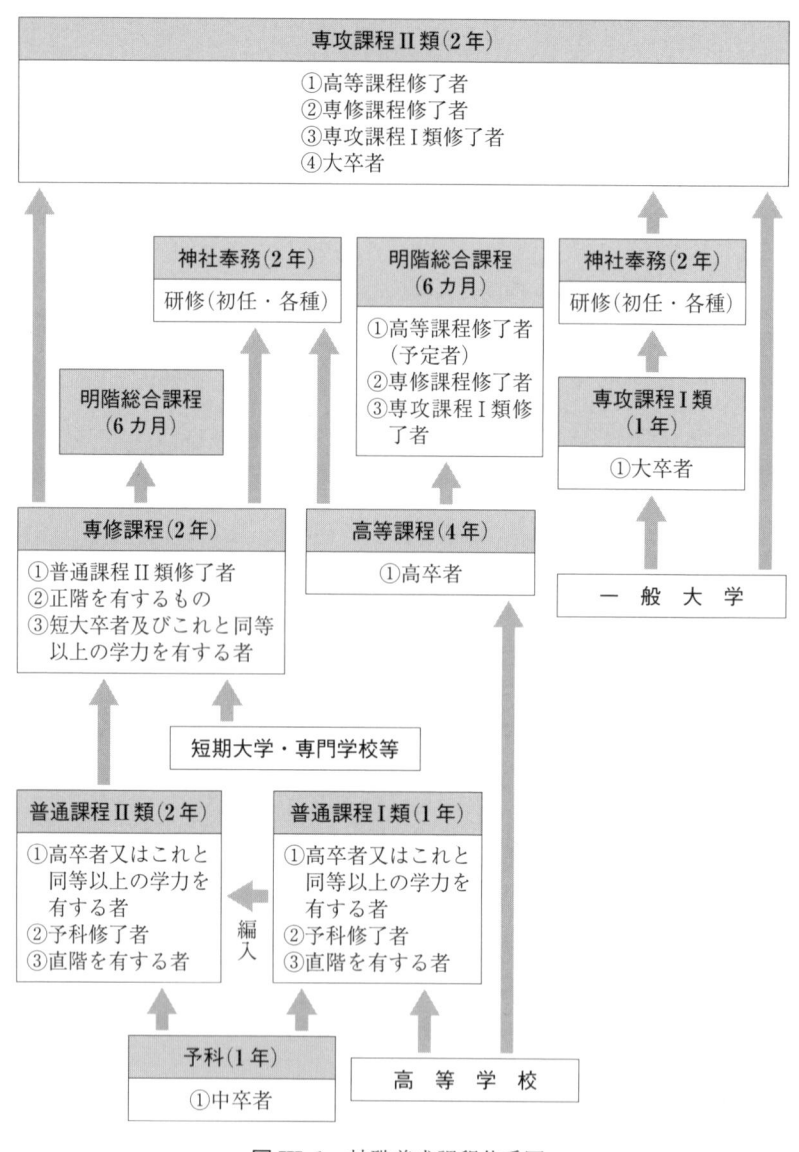

```
┌─────────────────────────────────────────────────────┐
│ 専攻課程Ⅱ類（2年）                                    │
│ ①高等課程修了者                                       │
│ ②専修課程修了者                                       │
│ ③専攻課程Ⅰ類修了者                                    │
│ ④大卒者                                              │
└─────────────────────────────────────────────────────┘
     ↑           ↑           ↑            ↑      ↑
┌──────────┐ ┌──────────┐ ┌──────────┐ ┌──────────┐
│神社奉務(2年)│ │明階総合課程│ │神社奉務(2年)│
│研修(初任・  │ │(6カ月)    │ │研修(初任・  │
│各種)       │ │①高等課程  │ │各種)       │
└──────────┘ │ 修了者    │ └──────────┘
  ↑          │ (予定者)  │      ↑
┌──────────┐ │②専修課程  │  ┌──────────┐
│明階総合課程│ │ 修了者    │  │専攻課程Ⅰ類│
│(6カ月)    │ │③専攻課程Ⅰ│  │(1年)      │
│           │ │ 類修了者  │  │①大卒者    │
└──────────┘ └──────────┘  └──────────┘
  ↑              ↑              ↑
┌──────────────┐ ┌──────────┐
│専修課程(2年)  │ │高等課程(4年)│
│①普通課程Ⅱ類  │ │①高卒者    │
│ 修了者        │ └──────────┘
│②正階を有する │      ↑
│ もの          │  ┌──────────┐
│③短大卒者及び │  │ 一般大学  │
│ これと同等以上│  └──────────┘
│ の学力を有する│
│ 者            │
└──────────────┘
      ↑
  ┌──────────────────┐
  │ 短期大学・専門学校等│
  └──────────────────┘
      ↑
┌──────────────┐ ┌──────────────┐
│普通課程Ⅱ類(2年)│←│普通課程Ⅰ類(1年)│
│①高卒者又はこれ│編│①高卒者又はこれ│
│ と同等以上の学│入│ と同等以上の学│
│ 力を有する者  │  │ 力を有する者  │
│②予科修了者    │  │②予科修了者    │
│③直階を有する者│  │③直階を有する者│
└──────────────┘ └──────────────┘
      ↑              ↑
┌──────────┐     ┌──────────┐
│予科(1年)  │     │ 高等学校  │
│①中卒者    │     └──────────┘
└──────────┘
```

図Ⅲ-1　神職養成課程体系図

文・神道教化概論・神社関係法規・神社祭式同行事作法・宗教学概論・日本宗教史・世界宗教史・国史学・国文学・哲学・心理学・倫理学・小論文

2 研修制度

　神社本庁では，神職の資質向上や階位の取得や昇格に伴う各種の研修を設けています．その内容は，祭式や祝詞作文，雅楽・祭祀舞等の実技，神社運営等の実務，古典講習等の基礎学を中心に，時局対策や青少年対策等にも及ぶ広範なものとなっております．

神職の生涯教育としての研修

　『神社本庁憲章』に，「神職は，古典を修め，礼式に習熟し，教養を深め，品性を陶冶して，社会の師表たるべきことを心掛けなければならない．」とありますように，神職はその経歴に応じて，生涯を通じた資質向上の責任を負っていますが，その一環として指導神職研修，中堅神職研修，初任神職研修，指導者養成研修，専門研修といった各種研修があります．おおよそ 20 日に定められています．その他にも各種研修として，祭式の作法でありますとか，雅楽などについての研修が行なわれています．

階位取得のための研修

　現に階位を有する者が，それぞれ上級の階位に進むための研修として，明階基礎研修，正階基礎研修，権正階基礎研修が設けられています．明階・正階には計 30 日の課程修了が，権正階には計 10 日間の課程修了が義務付けられています．

階位授与に伴う神務実習その他

　階位の取得には，一定の期間，神社における神務を経験する実習や，神社本庁の神職としての知識や責務を認識するための実習として，基礎実習，指定神社実習（30 日以上），個別神社実習（30 日以上），神宮実習（7 日間），中央実習（3 日間）が課せられています．これは大学や養成機関で階位を取得する場合に必要となります．

3　神職数の推移

　戦前の神職総数は，明治 15 年頃より 1 万 5 千人前後で安定し，終戦に至りました（『大日本帝国統計年鑑』社寺・宗教の部）．戦後は増加の傾向をたどりまして，昭和 40 年代，50 年代には特に増えましたが，最近 5 年ほどは横這い状態であります．平成 15 年末現在の総数は 21,542 人（うち女性 2,595 人，ただし神社本庁包括神社のみ）となっています．

　その内容を見てみますと，宮司たる神職数は減少していますが，宮司以外の禰宜とか権禰宜などの神職は年々増加していまして，約 50 年前の昭和 30 年に比べて約 4 倍に増え，宮司神職とほぼ同数に達していることが指摘できます．これはどういうことかと申しますと，神社の総数は戦後 8 万前後で大きな変化はありませんから，これは地方では宮司たる神職が減少して兼務神社が増えていること，都市部では大・中規模神社の神職数が増加したことによるものでありましょう（図 III-2, 3 参照）．

　さらに約 2 万の神職のうち，専業者はどのくらいかというと，あまり調査もないのですが，昭和 28 年に神社本庁が行なった正式な調査があります．当時，専業の神職は 35% でありましたが，それから 50 年たちまして，この数字はおそらくは低下しているものと思われます．

　また，戦後になって正式に認められた女性神職の数は，昭和 30 年に 275 人であったのですが，現在はその約 10 倍となり，依然として増加傾向にあります．その結果，神職の 12%，つまり 8 人に 1 人は女性が占めるという状況になっているのです．神社界は何かと閉鎖的に見られますが，戦前から女性神職に関しては要望がありまして，それを戦後いち早く取り入れて女性神職は増加を続けています．

4　神職養成をめぐる問題点

　神職の養成に関しましては，戦前から資質や教養の確保について議論がありました．神職任用後の研修についても長年の試行錯誤を経て，今の制度が整えられました．これも今後，更なる充実，あるいは現代社会の諸問題への対処のために研修内容を検討する必要がでてくるでしょう．その他，現段階では，以

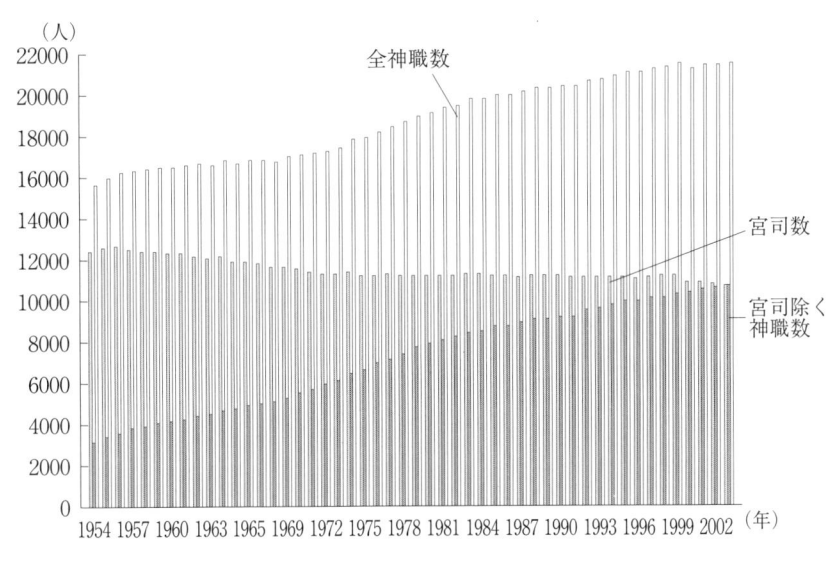

図III-2　神職数の推移

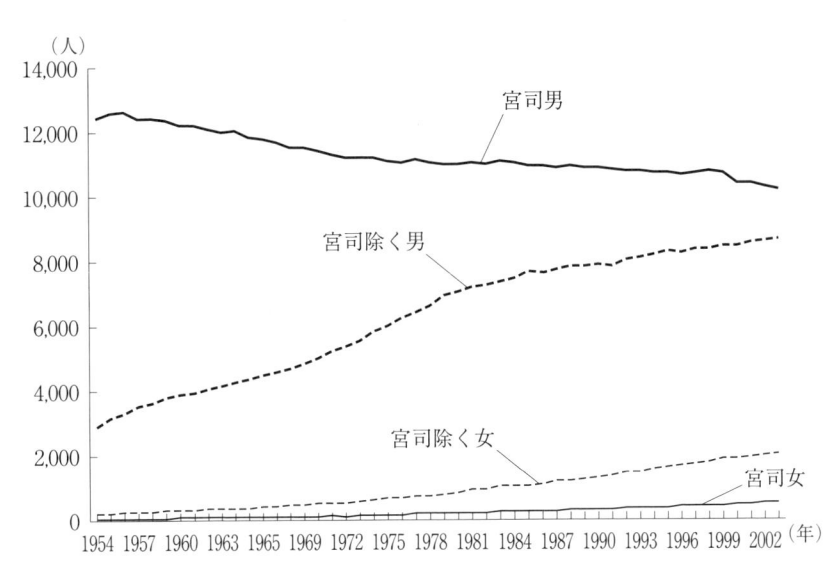

図III-3　男女別神職数の推移

神職養成の概要と課題　41

下のような問題点を指摘することができます．

神職数と階位授与数

　神職数は近年頭打ちというか，横這いの状況であります．これは，経済状況等による一時的なものなのか，あるいは現神社数に比しての適正数に達したとすべきか，その見極めが必要となるでしょう．

　これに対して，階位の取得者は毎年千人前後で大きな変化はありません．図にはでてきていませんが，新任神職に関しては，昭和50年代ですと毎年800人くらいいたわけですが，近年，それはだんだん減ってきて，今では300人ほどが毎年新しい神職となっています．それに対して神職資格を得る人は千人ほどですから，資格を得ても神社につとめる人が減っているという状況であります．したがって，資格を得ても神社に奉職しない「神職予備軍」が増えていることになります．この中には，地方の神職子弟等が将来の継承に備えて資格だけを得ている例も含まれているわけですが，恒久的に神職の求人があるのは都市部の神社のみといってよく，需要と供給のバランスが今後さらに大きな問題となるでしょう．

　また，増加を続ける女性神職についての適正な位置づけも検討されなければなりません．

地域格差

　神職数の都市部における増加と地方における減少の傾向は，経済的基盤が不安定となり，後継者が不足している地方，特に過疎地域の神社と，都市部の有力神社との格差拡大が深刻となっていることを示しております．これまでの神社の在り方に大きな変化をもたらす恐れがあるわけです．全国神社の8割は中弱小の神社ですから，これを踏まえた抜本的な改善策が必要となってくるでしょう．

　また，高齢化の進む地方では，後継者「速成」のため，実習期間短縮など神職養成の簡略化を求める声も高まっています．資格取得の制度をもう少し緩くして，後継者の確保を簡単にできないものかというわけです．

世襲の問題

　江戸時代まで神社は「社家」と称される世襲の神職家によって守られてきた歴史があります．明治の改革によって神社は「一人一家ノ私有ニスベキニ非ザル」ものとして，その公共性が明確となり，制度の上では世襲神職は廃されました．しかし，事実上はほとんどの神職が世襲を維持しています．ただし，世襲ではない有名大社もありまして，世襲神社と非世襲神社の棲み分けはうまくできているのではないかと思います．

　世襲の利点としては，精神の継承がスムーズであること，歴史的関係よりして氏子崇敬者の信頼を得やすいことなどが挙げられますが，奉仕意欲や神社の公共性に対する認識の低下という欠点もあるわけです．歴史伝統と公共性のバランスをいかに保つかが大きな問題でありましょう．

神職資質の問題

　昨今の神社界では，一部神職の意識低下が問題とされるようになってきました．各地域の学問・文化の担い手でもあり，「社会の師表」を以て任ずる神職の資質維持・向上には養成課程・研修カリキュラムのチェックが常に要求されるわけです．

　以上，簡単ながら現在の神職養成制度の概略と，今後の問題点についての報告といたします．

　　　本発表は，牟禮仁氏の各種統計資料に基づく詳細な以下の報告を参照しました．ここに記して謝意を表します．「神社界の統計資料　抄」（『皇學館大学神道研究所紀要』第8輯，平成4年），同「統計からみる戦後神社界の課題」（神道宗教学会第50回学術大会，平成8年），同「神社界将来予測一端――神職数の推移から見た――」（神道宗教学会第55回学術大会，平成13年）．また，作図等の御助力を賜った神社本庁教学研究所の藤本頼生氏に厚く御礼申上げます．

〔コラム〕 伊勢の神宮と明治神宮で学んだこと （福島謙一）

　私は國學院大學にて神職明階課程を履修いたしました．その課程において大学での授業はもとより，階位検定に必要な実習を通して神職となるために必須である祭式行事作法，知識を学びました．私が國學院大學に感謝していますことは，それらの祭式や知識のみならず，なにより神職に不可欠である「清き心」を与えてくださりましたことであります．それは大学の先生方，各実習先の神職の方々，そして神道研修部の皆様，全てのお力添えのお陰であります．
　私は皆様との一つ一つの場面が大切な神職としての心の糧となっております．ここであえて一場面を体験談としてお話させていただくのであれば，それはやはり伊勢の神宮での実習が挙げられます．
　神宮での実習として内宮・外宮においてその御垣内での御奉仕の機会がありました．それは大変畏れ多いことであります．明治天皇は「はるかにもあふがぬ日なしわが國のしづめとたてる伊勢のかみ垣」と御製を詠われております．その伊勢の神宮のまさに垣内で御奉仕させていただいたこと，神職を目指す者といたしまして，これ以上の感極まる場面がありますでしょうか．私は今当時を思い返しますと，大変畏れ多く心ここに在らず，ただ必死に御奉仕申し上げましたことを記憶しております．
　しかしながらその経験は私にとりまして神職として毎日の御奉仕のなかで常に支えとなっております．神職は常に心の清浄を旨といたします．伊勢の神宮でのその体験は私のなかで清浄を保つ支えとなっているのであります．神宮の神域に流れる透き通った空気を生み出す木々の息吹，五十鈴川のせせらぎ全てが私という一人の神職の心となっているのであります．
　私はそしてまた考えるのであります．私は伊勢の神宮の実習と共に明治神宮で実習をさせていただきました．その実習において「教育勅語」の講義がありました．その時にも私は神職として大切なことを御教授していただきました．明治天皇が私たち国民にお示しになられました「教育勅語」には「爾祖先ノ遺風ヲ顕彰スルニ足ラン」とあります．私達日本人が畏み拝みお祀りしてまいりました心が「教育勅語」のその部分に表されていると思うのであります．明治天皇はとこしえに民安かれと常にお考えなさりました．その明治天皇が示され

た「孝行・友愛・夫婦ノ和・朋友ノ信・謙遜・博愛・終業修学・知能啓発・徳器成就・公益成務・遵法・義勇」という12の徳を以て日本人はそれを当然のつとめとしてきたわけであります。そのことこそ私達日本人の祖先の遺風であると私は思うのであります。その大切なことを明治神宮での実習で学びました。そしてそれは畢竟「美しい日本の心」であります。私はその「美しい日本の心」というものを伊勢の神宮の実習において身に深く刻まれたと思うのであります。

　神職となるべく大学に入りましてその課程において大切なことは、もちろん祭式行事作法を学ぶことであり、また神道の知識を学ぶことも大事なことであります。しかしながらいかに祭式作法や知識に秀でていても「美しい日本の心」を理解せず、また己の心に刻まなければ、私は神職の資格無しと思うのであります。この点、神職を目指す我々の側に至らなさがあったことも事実で、この点は後のコラム（69～70頁）で述べたいと思います。

　伊勢の神宮で実習の機会を与えてくださり、御奉仕させていただきましたことが私の神職としての基盤であります。そして今後も神社での御奉仕の際に片時も忘れることなくその「美しい日本の心」を神職としての心の支えとしていきたいと思います。

（敬称・尊称は略させていただきました）

シンポジウム「現代における宗教者の育成」──発題④

とくに天理教校第二専修科をめぐって

安井幹夫

1 天理教教師への道

　天理教における，次代の信仰の担い手（道の後継者）育成は，広くいえば，それぞれの教会において，ということになります．それだけに，教会の所在する場所，その規模，さらに信仰を指導する会長，といったさまざまなことがらが，その育成にあたっての要因となりますので，その教化力は個々の教会においてかなりのばらつきが認められます．

　教団レベルでは，それをより効果的にサポートするうえで，年令別にシステム化した組織があります．例えば少年会（誕生～中学生），学生会（高校生～専門学校生，大学生），青年会（17歳～40歳），婦人会（高校生～，そのうち16歳～25歳までは女子青年部）が，それぞれの活動を推進しています．それは教区，支部，さらにそれぞれの教会にも結成されています．こうした会活動を通して次代の信仰の担い手が育っていくことになります．

　一方，それとは別に，中核的な指導者層の育成を担うものに，私が関わっている天理教校があります．天理教校は天理教の教師養成のために，明治33（1900）年4月開校されました．天理教が当時の神道本局から別派独立するために，内務省に伺ったところ，「学校もないのに独立できるか」と指弾され，当局の指導もあり，4年制の学校として設立されたわけであります．天理教校は，天理教教学機関の源流であり，後に天理中学校（旧制）誕生の母胎ともなっています．また天理幼稚園から天理大学までの学校法人天理大学系列の学校，それと天理教校学園系列の天理教校付属高等学校，天理教校親里高等学校，さらに天理教語学院，天理看護学院，天理医学技術学校があります．

　また，教会長をはじめとする天理教　教人（きょうと）（教師）養成のための本流ともい

うべきシステムは，歴史的な変遷が幾多みられますが，現在においては，別席といいまして9回にわたって神様の話を聞き，心に治めて「おさづけの理」を拝戴する．これが基礎となりまして，3カ月の修養科，信仰の深化を目指す講習会（前期・後期），教会長任命講習会というように順序を経て，信仰的なレベルの深さと高度さが養われることになります．それは信仰的資格修得と結びついており，ほかの教学機関があっても，最終的にはこのシステムに収斂されます．たとえば，天理高校の卒業生は，修養科修了という資格が与えられ，そのまま前期講習会を受講することができる，というようにです．

このシステムでは，修養科が3カ月，前・後期講習がそれぞれ3週間の期間を要します．別席の期間については地域的な特例（たとえば海外からの帰参者）が認められていますが，基本的に毎月1回，計9回の話を聞いて，願い出により，おさづけの理を拝戴することができます．その間9カ月かかるわけです．こうしたことから，社会で働いている人にとって，別席を受け，おさづけの理を拝戴することは，比較的可能でありますが，3カ月間の修養科ということになると，自営業でないかぎり，ほぼ職を失うことを意味します．したがって，とくに30歳から60歳までの人たちには，ハードルはきわめて高いといえましょう．

そこで，3日講習会が本年（2004年）4月に立ち上げられたわけでございます．これは30～60歳までの「よふぼく」（別席を受けて，おさづけの理を拝戴した者）で，なおかつ教会長の推薦によって受講できるようになっています．1年に1回，3年で3回の受講修了をもって，修養科修了と同等の資格が与えられることになります．

2　教師数の推移

表IV-1は，昭和11（1936）年，昭和21（1946）年，昭和31（1956）年の年別よふぼく数です．表IV-2は，その後の昭和35（1960）年からの年別〈よふぼく〉〈教人〉数の推移を示しています．表IV-1と2から明らかなように，よふぼく数は昭和21年からほぼ右肩上がりで増加していますが，平成6（1994）年の1,089,907人をピークとして次第に減少し，昨年平成15（2003）年では，100万人を下回り，ピーク時よりも約15万人減となっております．

表 IV-1　年別教人及びよふぼく数

年度	教人 計	男	女	おさづけの理拝戴者 計	男	女
1936	82,620	47,245	35,375	288,204	—	—
1946	81,153	42,359	38,794	135,704	53,796	81,908
1956	96,261	45,396	50,865	422,454	155,690	266,764

　減少傾向を示しはじめた平成7 (1995) 年に，オウム真理教事件が起こっています．この事件がもたらした，社会の宗教への冷ややかな眼差しと拒否反応は，教勢の減退に無縁ではなかったとみることができます．また山田昌弘氏が『パラサイト社会のゆくえ』(筑摩書房, 2004 年) の中で，「一九九八年問題」として提起していますが，たしかに日本の社会に地殻変動が起こり，社会意識が変化してきている状況がございます．その状況に否応なしに巻き込まれ，ひいては，とくに家族のあり方の変化が信仰の継承に影響を与え，教勢の減退を招いているように思われます．

　また表にはしておりませんが，おさづけの理拝戴者数を単年度の推移でみますと，昭和 50 年，51 年をピークに多少デコボコしますが，減少傾向にあります．つまり，昭和 51 (1976) 年で 3 万 7, 8 千の〈よふぼく〉の誕生があります．平成 14 (2002) 年では 1 万人を切っているわけであります．いずれにしても，個別には教勢を伸ばしている教会もあるので，全部が全部というわけではありませんが，教会（教会長）のもつ教化力，布教力が，こうした状況に対応しきれていない，手に余っていることを指摘できるかもしれません．

3　天理教校（本科・専修科・付属高等学校と第二専修科）

　昭和 49 (1974) 年 4 月，学校法人天理大学の系列校とは別に，天理教の教学機関の源流となった天理教校の精神をより徹底すべく，天理教校付属高等学校（全寮制）が開校されました．この高校の卒業生は，卒業後，全員が天理教校第二専修科に進学し，5 カ年の修業年限を履修します．すなわち高校 3 カ年を含めて，計 8 カ年の一貫教育が構想されたのです．

　それまで，天理教校には，大学卒業で教人の資格を有したものを対象とする天理教学の実質的な大学院（2～4 カ年）である本科と，高校卒業生を対象とした専修科（2 カ年，男女共学，信者詰所から通学）が設けられていましたが，

表 IV-2　年別よふぼく，教人及び教人を除くよふぼく数

年度	よふぼく総数 計	男	女	教人 計	男	女	教人を除くよふぼく 計	男	女
1960	570,493	215,106	355,387	106,427	48,595	57,832	464,066	166,511	297,555
1961	508,442[1]	187,866	320,576	107,595	48,782	58,813	400,847	139,084	261,763
1962	556,315	203,627	352,688	108,060	48,438	59,622	448,255	155,189	293,066
1963	563,006	205,609	357,397	111,699	49,615	62,084	451,307	155,994	295,313
1964	605,040	217,278	387,762	115,636	50,834	64,802	489,404	166,444	322,960
1965	632,633	226,987	405,646	119,751	52,062	67,689	512,882	174,925	337,957
☆1966	624,805[2]	222,788	402,017	108,606	45,782	62,824	516,199	177,006	339,193
1967	648,709	232,817	415,892	111,169	46,621	64,548	537,540	186,196	351,344
1968	686,352	246,821	439,531	115,480	48,270	67,210	570,872	198,551	372,321
1969	740,495	267,158	473,337	119,629	49,739	69,890	620,866	217,419	403,447
1970	758,632	274,831	483,801	122,783	50,751	72,032	635,849	224,080	411,769
1971	783,527	285,454	498,073	126,965	52,254	74,711	656,562	233,200	423,362
1972	790,933	285,915	505,018	128,849	52,558	76,291	662,084	233,357	428,727
1973	814,155	294,697	519,458	132,717	53,773	78,944	681,438	240,924	440,514
1974	839,263	304,164	535,099	139,179	55,981	83,198	700,084	248,183	451,901
1975	866,652	314,390	552,262	144,767	57,982	86,785	721,885	256,408	465,477
☆1976	897,295	326,431	570,864	149,622	59,734	89,888	747,673	266,697	480,976
1977	914,005	334,545	579,460	151,896	60,071	91,825	762,109	274,474	487,635
1978	936,966	343,444	593,522	155,774	61,580	94,194	781,192	281,864	499,328
1979	964,671	354,040	610,631	161,890	63,960	97,930	802,781	290,080	512,701
1980	984,190	362,535	621,655	165,709	65,493	100,216	818,481	297,042	521,439
1981	1,001,595	369,404	632,191	169,255	66,613	102,642	832,340	302,791	529,549
1982	1,009,559	373,050	636,509	172,063	67,628	104,435	837,496	305,422	532,074
1983	1,025,225	379,509	645,716	175,537	69,068	106,469	849,688	310,441	539,247
1984	1,008,356[3]	375,071	633,285	175,020	68,597	106,423	833,336	306,474	526,862
1985	1,024,422	381,425	642,997	180,592	70,731	109,861	843,830	310,694	533,136
☆1986	1,035,186	385,629	649,557	183,039	71,596	111,443	852,147	314,033	538,114
1987	1,034,249	385,582	648,667	184,632	72,252	112,380	849,617	313,330	536,287
1988	1,042,365	389,404	652,961	186,673	73,111	113,562	855,692	316,293	539,399
1989	1,052,797	392,656	660,141	188,332	73,947	114,385	864,465	318,709	545,756
1990	1,064,768	397,412	667,356	190,598	74,808	115,790	874,170	322,604	551,566
1991	1,069,300	399,151	670,149	190,178	74,778	115,400	879,122	324,373	554,749
1992	1,079,188	402,574	676,614	191,847	75,444	116,403	887,341	327,130	560,211
1993	1,084,456	403,677	680,779	192,256	75,433	116,823	892,200	328,244	563,956
1994	1,089,907	406,075	683,832	193,620	75,905	117,715	896,287	330,170	566,117
1995	1,085,730	404,768	680,962	193,596	75,755	117,841	892,134	329,013	563,121
☆1996	1,086,883	405,648	681,235	192,781	75,392	117,389	894,102	330,256	563,846
1997	1,083,631	404,943	678,688	192,234	75,192	117,042	891,397	329,751	561,646
1998	1,074,269	401,944	672,325	190,381	74,552	115,829	883,888	327,392	556,496
1999	1,028,163	387,972	640,191	186,537	73,641	112,896	841,626	314,331	527,295
2000	1,009,845	381,510	628,335	181,592	70,675	110,917	828,523	310,835	517,418
2001	1,002,775	379,351	623,424	182,250[4]	71,020	111,230	820,525	308,331	512,194
2002	978,502	371,841	606,661	181,997	70,989	111,008	796,505	300,852	495,653
2003	935,157	360,395	574,762	181,927	71,063	110,864	753,230	289,332	463,898

注[1]：よふぼく数算出の基となった新勢概要調査で，調査票を提出しなかった教会が全体の約8％あったため前年よりも減少しました．
注[2]：第4回新勢調査で，教人について綿密な調査が行なわれより実数に近い人数が算出されたために減少したと思われます．
注[3]：教祖100年祭に向けて各教会でよふぼく名簿が活発に整理されて，実数に近い人数が調査できたために減少したと思われます．
注[4]：教人台帳のコンピューターへの入力及び整備が終了し，そのデータに基づいた教人数です．
　　☆は教祖の年祭のあった年を示します．

それに加えて，高度の布教力を身につけた教会長，布教専従者の養成を目的に，附属高校の卒業生を迎えて，昭和52 (1977) 年第二専修科が開設されたわけです．第二専修科は前期課程3カ年，後期課程2カ年の全寮制で，この間小遣いは自己負担ですが，寮費や学費は教団内でまかなわれております．高校から大学に進んだものは，大学卒業後は後期課程に進学する．いわば教団が将来を展望しての課程であります．

こうした教師養成機関としての天理教校がどのような人材を育成してきたか．教校設立の精神は「信心堅固にして，而も学識徳行兼備せる教師を養成」するところに求められますが，具体的に，現行の天理教校本科，専修科，第二専修科の卒業生の進路がどうであったかを概観しておきたいと思います．

本科は，募集人員が若干名であります．大学学部卒業生にして教人という入学資格及びその目的とするところから，入学者そのものは少ない．多い年度でも11名を超えたことはない．その卒業後の進路を見ていくとき（表IV-3），最終的には，教会長などになるものが多数（99名）でありますが，研究職，教職にとどまる者も35名います．教職，研究職につきましても，教会用務，教会長就任とともに職を離れることも多いので，その数字は低いですが，実際は，卒業生の三分の一以上は短期間であっても教職（天理教校講師など）についています．その他では，平成2 (1990) 年以降の数は，多くは教会長の後継者という立場で教会，布教に従事しています．

最も卒業生数が多いのは，高校卒業後に行く専修科です．昭和21 (1946) 年から平成14 (2002) 年までの57年間で，6,000名を超えます．現在募集人員は150名でありまして，男女共学です．その卒業生の進路については，やや古いが平成8 (1996) 年の調査資料に最近の卒業生数を加えて，表IV-4としてまとめました．それによれば，教会長が，1,416名で，そのうち婦人教会長は39名です．また教会後継者は887名であるので，平成8年以降の動向を推測してみると，おそらく1,500名以上の教会長を数えることができるでしょう．それに加えて，布教所長，その後継者，教会役員，さらに女子卒業生のうち，かなりの者が教会長，布教所長の夫人でありますので，それらをあわせると，卒業生の半数近くが教会用務に従事していると考えられます．

表 IV-3　天理教校本科卒業生数及び進路

卒業年度	(回生)	卒業生数	教会長 教会役員 本部勤務 布教所長	研究職 教職	その他	卒業年度	(回生)	卒業生数	教会長 教会役員 本部勤務 布教所長	研究職 教職	その他
1951 年	(1)	2		2		1977 年	(27)	2	1	1	
1952 年	(2)	1	1			1978 年	(28)	6	6	(1)	
1953 年	(3)	1		1		1979 年	(29)	4	3		1
1954 年	(4)	2	1		1	1980 年	(30)	5	4	1	
1955 年	(5)	2	1		1	1981 年	(31)	1		1	
1956 年	(6)	5	2	1(2)	2	1982 年	(32)	3	3		
1957 年	(7)	3	2	1		1983 年	(33)	4	2	1	
1958 年	(8)	1	1			1984 年	(34)	5	3	1	1
1959 年	(9)	1		1		1985 年	(35)	4	2		2
1960 年	(10)	1	1			1986 年	(36)	2	1	1	
1961 年	(11)	4	3	1		1987 年	(37)	3	1	2	
1962 年	(12)	6	5	1		1988 年	(38)	4	4		
1963 年	(13)	2	2			1989 年	(39)	1		1	
1964 年	(14)	4	2	2(1)		1990 年	(40)	6			6
1965 年	(15)	1	1			1991 年	(41)	1			1
1966 年	(16)	2	1	1		1992 年	(42)	7	1		5
1967 年	(17)	3	2		1	1993 年	(43)	6	2	1	3
1968 年	(18)	1	1	(1)		1994 年	(44)	5	3		2
1969 年	(19)	2	2			1995 年	(45)	5	3		2
1970 年	(20)	1	1			1996 年	(46)	8	3		5
1971 年	(21)	2	1	1(1)		1997 年	(47)	3	2		1
1972 年	(22)	2	2			1998 年	(48)	6	1		5
1973 年	(23)	7	4	2	1	1999 年	(49)	5	1	1	3
1974 年	(24)	5	4		1	2000 年	(50)	1	1		
1975 年	(25)	3	3	(1)		2001 年	(51)	8	1	2	5
1976 年	(26)	5	5			2002 年	(52)	3	2	1	
						計		177	99	28(7)	49

注：「研究職」「教職」の項で（　）内の数は教会長であり，かつ研究職，教職にあるものの数である．

4　第二専修科

　第二専修科については，私が創設の頃から関わっていますので，もう少し詳しくみていくことにします．

　表 IV-5 は，入学者数と卒業生数を対比したものです．1～23 期（昭和 56 年度～平成 14 年度卒業）で，1,440 名と後期進学者，編入者の 24 名を加えて，1,464 名の入学者があり，卒業生は 1,184 名となっています．途中退学者は 278 名で，18.9％ です．

　第二専修科の修業年限は 5 カ年です．しかも，高校入学時から進むべき課程として定められています．これがポイントになるわけですが，そこに彼らの大方の悩みがあります．すなわち，このまま卒業してしまうことで，一直線に教

表 IV-4　天理教校専修科卒業生数及び進路

卒業年度	卒業生数 男	卒業生数 女	卒業生数 計	教会長 男	教会長 女	教会長 夫人	教会長 後継者	布教所長 男	布教所長 女	布教所長 後継者	役員 男
1946年	9	12	21	4	1						1
1947年	48	10	58	16	1	1		2			4
1948年	44	8	52	22		2					
1949年	33	4	37	14				1			1
1950年	24	3	27	10	1			3	1		1
1951年	13	1	14	5							1
1952年	50	4	54	24			1	2			4
1953年	51	10	61	24	3	1	1	1			3
1954年	66	7	73	34		1	3	2	1		4
1955年	79	7	86	40	4	2	4	1			1
1956年	82	10	92	43	1		3	3	1		4
1957年	94	13	107	64	3	2	3	1			2
1958年	68	6	74	42		1	3	4			4
1959年	72	7	79	50		1	3	1			3
1960年	69	11	80	39			3	4			2
1961年	79	21	100	41	2	4	1	1			3
1962年	90	13	103	51		5	2	3		1	4
1963年	86	15	101	58	3	4		1			2
1964年	77	17	94	48	3	5	3	2			2
1965年	75	18	93	46	1	5	3	1			2
1966年	79	26	105	48	3	4	4		1		2
1967年	114	37	151	67	4	5	1	3	1		
1968年	113	35	148	57	1	7	3	2			2
1969年	110	33	143	66	1	7	7	1			1
1970年	100	24	124	67	1	6	5	1			2
1971年	89	19	108	38	1	4	7	1			
1972年	79	21	100	40	3	6	5	2			
1973年	96	25	121	37		4	7	3			
1974年	110	25	135	43	1	4	15	1			
1975年	89	25	114	31		4	15	1			
1976年	104	21	125	34		1	14	3			
1977年	110	26	136	32		3	21				
1978年	114	27	141	27		2	14	1			
1979年	158	29	187	36		2	32				
1980年	87	37	124	15	1	3	17	3			
1981年	73	27	100	9		2	13	2			
1982年	110	36	146	14			24				
1983年	110	38	148	10		1	27				
1984年	115	48	163	7		2	22				
1985年	113	58	171	7		1	58	1		13	
1986年	105	37	142	6		1	54	1		1	
1987年	123	51	174	3			48	2		11	
1988年	83	42	125	3			33	1		4	
1989年	79	54	133	2			38			6	
1990年	69	55	124	2			30	1		8	
1991年	83	50	133	1			35	1		8	
1992年	81	65	146				49			5	
1993年	71	27	98				39			1	
1994年	64	22	86				18			9	
1995年	60	34	94				36			4	
1996年	82	47	129				31			6	
1997年	66	61	127				33			4	
1998年	53	31	84				26			5	
1999年	53	37	90				27			3	
2000年	43	37	80				15			1	
2001年	38	33	71				11				
2002年	53	36	89				19			2	
計	4488	1533	6021	1377	39	106	887	60	5	92	55

とくに天理教校第二専修科をめぐって　53

表 IV-5　天理教校第二専修科入学生数及び卒業生数

卒業年度	（期生）	入学生数	退学数	休学数	復学数	後期進学	卒業生数
1981 年	(1)	22	4				18
1982 年	(2)	33	2			2	33
1983 年	(3)	62	8			3	57
1984 年	(4)	56	2			4	58
1985 年	(5)	85	19			3	69
1986 年	(6)	94	15			3	82
1987 年	(7)	76	12			1	65
1988 年	(8)	91	18				73
1989 年	(9)	72	15(1)				56
1990 年	(10)	101	23				78
1991 年	(11)	95	14	2		1	80
1992 年	(12)	103	19			1	85
1993 年	(13)	83	19	1		1	64
1994 年	(14)	89	16		2	1	76
1995 年	(15)	67	16		1		52
1996 年	(16)	56	18	1			37
1997 年	(17)	46	12		1	1	36
1998 年	(18)	52	4	2		1	47
1999 年	(19)	34	6(1)		2		29
2000 年	(20)	35	13				22
2001 年	(21)	44	15			1	30
2002 年	(22)	29	4				25
2003 年	(23)	15	4			1	12
計		1440	278(2)	6	6	24	1184

注：（　）内は在学中に死去

会用務から教会後継へという路線にのってしまうのではないか．それはいいことには違いないが，いずれ教会を継ぐという意欲をもってはいても，若い間に違った道を歩みたいという思いを捨てきれない．そうした気持ちでいる限り，5 カ年間の学校，寮生活それ自体にも束縛感をもち，ついには学校が目指している目標との違和感が生じ，そこで退学へ，というケースもみられることになります．

　この点は，後年の入学者数の減少を招く一つの要因ともなったのではないかと考えられます．ただし，入学者数の減少は，少子化の影響もあるでしょうし，付属高校への入学者が減り気味であったところに，付属高校と同じ天理教校系列に，国際化教育を謳う天理教校親里高校（男女共学）が平成元 (1989) 年に開校したことで，一気に入学者の減少を招きました．天理教校付属高等学校は男子校でした．親里高校が男女共学ということもあって，平成 5 (1993) 年に

共学として編成されましたが，それにともない卒業後の進路は広く天理教校へと進むということになりました．したがって専修科への進学も選択できることになり，ここに付属高校から第二専修科という一貫教育の流れが形をかえることになるわけです．いずれにせよ第二専修科の修業年限の長さと，高校入学時に将来の歩む道を決断せざるを得ない状況が親の気持をも揺がすことになって，入学者減少に拍車をかけた要因であろうと考えられます．

しかしながら，それだけに，決して楽ではない厳しい修業年限を終えた卒業生の信仰的信念については，みるべきものがありますし，その目指した成果は得られているものと考えられます．卒後後の進路において教会長をはじめとして教会用務に従事しているものが85％を占めることからも，このことは頷くことができます．

5 世襲化の問題

このシンポジウムの狙いの一つに世襲化の問題がとりあげられていますので，その点を整理してみました．表IV-6, 7は卒業生の立場についてのものであります．表IV-6は教会とのかかわりにおける立場を示します．教会子弟が993名と圧倒的に多い．約84％を占めています．布教所子弟，教会役員，教会住込子弟があわせて13％で，信者子弟は2％にすぎません．高度な教師養成ということと，送り出す側が将来の教会後継と発展を期待してのことと思われます．信者子弟ということになると，入学者自体が少ない．信仰は受け継ぐが，高度な教師というところまで視野に入ってこないのだろうと思われます．

表IV-7は家族における立場です．学生は，ほぼ信仰者子弟に限られるところから，つまり信仰の継承という点で，長男か長男以外かを分けてみました．長男が777名で約65％です．教会の後継ということからすれば，教会子弟，信者子弟，あるいは長男，長男以外を問わず，それに相応しい者であれば，それで十分なのですが，教会長の子弟，とくに長男は，小さいときから，そのような親の期待のなかで育っていることと，彼らのモチベーションが強いことを窺わせます．二男が約21％であるのは，兄が教会を後継しないので弟が，というケースも認められますが，将来，兄をたすけて共々に教会，布教所をもりたてていこうとの親，本人の思いをそこに読み取れます．また第二専修科の特

表IV-6　天理教校第二専修科卒業生の教会における立場

期生	卒業生数	教会子弟	布教所子弟	役員子弟	住込子弟	信者子弟
1	18	15	2	1		
2	33	30	2	1		
3	57	50	4	2	1	
4	58	51	3	4		
5	69	56	7	3	2	1
6	82	73	7		2	
7	65	58	4		1	2
8	73	60	6	4	1	2
9	56	48	1	5	2	
10	78	70	2	6		
11	80	67	5	5	1	2
12	85	72	8	4		1
13	64	54	5	1	1	3
14	76	59	10	1	2	4
15	52	43	3		3	3
16	37	28	3		6	
17	36	28	4		1	3
18	47	39	2	5		1
19	29	21	4	3		1
20	22	15	2	4		1
21	30	27		2		1
22	25	20	2	1		2
23	12	9	2			1
計	1184	993 (84%)	88 (7%)	52 (4%)	23 (2%)	28 (2%)

徴の一つとして，兄弟が揃って入学してきているものが多いことであります．三男，四男……七男，七男というのは，そうあることではありませんが，これは一面において，第二専修科の教育に親も子も大いに期待納得していることを示すものといえます．

　教会を創立した親であれば全財産をなげうっていますから，子どもも教会を離れがたいという雰囲気はあります．私物化といわれれば，それまででございますが，決して教会を私物化しようという意識があるとは思えません．教会の後継については，信者さんの総意が重視されます．ただ教会の子どもが後を継ぐというのは，信者さん方にしても，教会の子どもさんを後継者という目でみておりますし，また治まりがつきやすいという点もあるかと思います．つまり，信仰はあくまで神と人との関係において営まれるものでありますが，教会における人間関係も重要であります．その意味で，自動的に子どもが後継するとは

表IV-7　天理教校第二専修科卒業生の家族における立場

期生	卒業生数	長男	二男	三男	四男	五男	六男	七男
1	18	14	4					
2	33	27	3	1	2			
3	57	43	8	4	1	1		
4	58	43	10	4	1			
5	69	55	9	3	2			
6	82	62	17	1	1	1		
7	65	42	17	4	2			
8	73	46	15	7	4		1	
9	56	37	16	2	1			
10	78	55	15	7	1			
11	80	45	22	11	1			1
12	85	56	16	7	4	1	1	
13	64	36	13	9	2	3	1	
14	76	48	15	10	1	2		
15	52	26	15	8	3			
16	37	19	8	6	3		1	
17	36	27	4	4	1			
18	47	29	7	5	4	1	1	
19	29	15	9	4		1		
20	22	11	8	2		1		
21	30	19	8	1	2			
22	25	15	6		3		1	
23	12	7	2	1	1		1	
計	1184	777 (65%)	247 (21%)	101 (9%)	40 (3%)	11 (1%)	7 (1%)	1 (0%)

決まってはいません．教会の構成員の総意によって，願い出て，教会長の許しをいただくのであります．したがって，形は世襲のようにみえても，その内実は，あくまで教会構成員の総意に基づくものであると考えております．

卒業後の進路は，表IV-8でまとめました．布教専従者が25名．彼らは教会を拠点とするのでなく，単独で布教活動に従事しています．そのまま布教地にとどまる者もありますが，多くはいずれ教会に戻ります．教会を拠点とするものは，教会従事という項目で括っています．

教会長は224名です．卒業生の割合からすると18.9%にとどまりますが，それは卒業生の年令がまだ比較的に若いゆえです．表IV-9は各期別の教会長の数を示しますが，第1期生が45, 46歳であり，40代（1～7期）に限ってみますと，卒業生382に対して教会長は148で，38.7%であります．30代（8～17期）は638名のうち，74名で，11.5%．20代は2名にすぎません．年

とくに天理教校第二専修科をめぐって　　57

表 IV-8　天理教校第二専修科卒業生の進路

期生	卒業生数	布教専従	教会長	教会従事	本部勤務	海外	その他
1	18		10	3	2		3
2	33		20	8	2		3
3	57		22	29	3		3
4	58		30	18	4		6
5	69		23	36	2	1	7
6	82	2	27	41	1		11
7	65	2	16	26	1	4	16
8	73	1	19	35	6	2	10
9	56	2	9	21	6	1	17
10	78	2	14	47	3		12
11	80	4	2	44	4	1	25
12	85		12	52	5	1	15
13	64	2	5	41	8		8
14	76		3	50	6	1	14
15	52	2	6	26	6	1	11
16	37	1	2	26	3		5
17	36		2	24	8	1	1
18	47		2	35	6	2	2
19	29	2		17	3	2	5
20	22	1		10	8		3
21	30			18	10	2	
22	25	1		10	11	3	
23	12	1		1	3	7	
計	1184	25 (2%)	224 (19%)	618 (52%)	111 (9%)	29 (2%)	177 (15%)

令層を考慮すれば，今後この数は飛躍的に伸びていくものと思われます．なお教会長224名のうち，長男が175名，78%でありまして（表IV-10），全体の長男の割合65%からすると比較的高いといえます．

進路でもっとも多いのが教会従事で，618名，約52%を占めます．これは先に触れたように，年齢的なうえから，いまだ後継者のままであり，しかもそれぞれの大教会や所属教会で教会用務についているものが多いことを示しています．本部勤務は，教会本部の各部署で勤務している者．海外は，卒業後に各地の伝道庁に派遣されているものを含み，海外で布教活動に従事している者の数であります．

この進路をさらに長男と二男～七男とに分けてみるとき，若干の違いが浮かび上がってきます（図IV-1）．つまり，長男の場合，教会長22%，教会従事56%で，合わせて78%のものが教会従事です．それに比して二男～七男は，

表 IV-9　天理教校第二専修科卒業生
各期別教会長数及び就任率

期	卒業数	教会長	その他	就任率
1	18	10	8	56%
2	33	20	13	61%
3	57	22	35	39%
4	58	30	28	52%
5	69	23	46	33%
6	82	27	55	33%
7	65	16	49	25%
8	73	19	54	26%
9	56	9	48	16%
10	78	14	64	18%
11	80	2	78	3%
12	85	12	73	14%
13	64	5	59	8%
14	76	3	73	4%
15	52	6	46	12%
16	37	2	35	5%
17	36	2	34	5%
18	47	2	45	4%
19	29	0	30	0%
20	22	0	22	0%
21	30	0	30	0%
22	25	0	25	0%
23	12	0	12	0%
計	1184	224	960	18.9%

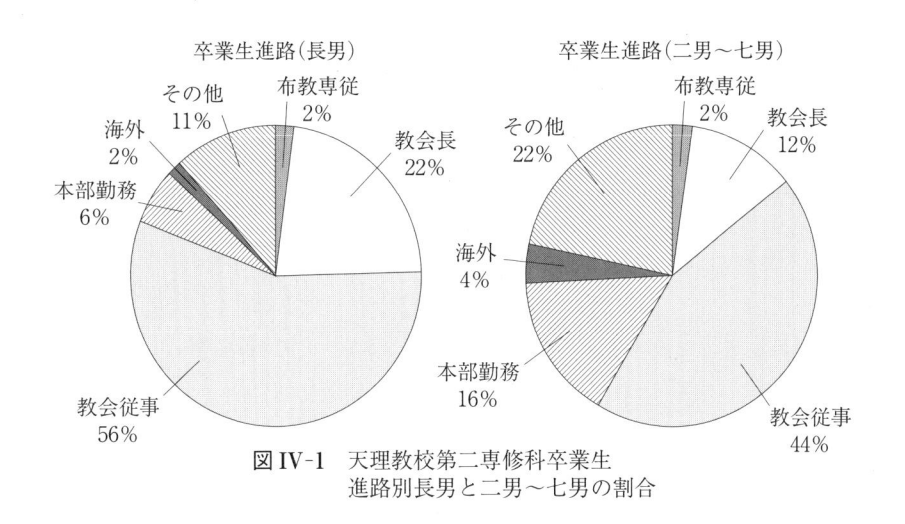

卒業生進路（長男）
- 教会長 22%
- 布教専従 2%
- その他 11%
- 海外 2%
- 本部勤務 6%
- 教会従事 56%

卒業生進路（二男～七男）
- 教会長 12%
- 布教専従 2%
- その他 22%
- 海外 4%
- 本部勤務 16%
- 教会従事 44%

図 IV-1　天理教校第二専修科卒業生
進路別長男と二男～七男の割合

表 IV-10　天理教校第二専修科卒業生
進路別長男と二男〜七男の数

	全　体	長　男	二〜七男
布教専従	25	16	9
教会長	224	175	49
教会従事	618	438	180
本部勤務	111	47	64
海外	29	12	17
その他	177	89	88
計	1184	777	407

教会長12％，教会従事44％で，56％にとどまります．長男の方が高いですね．ところが，本部勤務は6％と16％，海外が2％と4％，その他が12％と22％というように，いずれも長男の方が低くなっています．

　学校としては，教会の後継という狭い範囲にとらわれての教育ではなく，広く信仰の継承，それも高いレベルでのものを目指しているので，長男であるかどうかをとくに意識したものではありません．しかし，教会従事者における長男の割合が高いのは，送り出す側と本人の意識がそこにあることを示すものといえます．ただ長男でなくとも，教会長，教会用務に従事しているものが8割近くいることは，第二専修科が目指した方向に，十分とはいえないまでも一定の評価が与えられる，といえるのではないでしょうか．

6　通用しなくなった台詞

　以上，卒業生の進路に若干の説明を加えましたが，こうした資料からいくつかの問題が見えてきます．その一つは，子弟の育成において本人の意欲，モチベーションが根本問題であることはいうまでもないわけですが，それを支える親の信仰姿勢が何よりも重要だ，ということであります．15歳で判ったような，判らないような，というと失礼な言い方かもしれませんが，年齢的には人生の進路に答えを出すには，まだ少し早すぎるといえます．もちろん，しっかりとした思いをもってくるものも少なくはありませんが，多くは親の願い，思いを受けて進学してきています．本人の主体的な意志というより，親や周囲の方の期待を背負っているといった方がいいかも知れません．

　ある時，ある教会長さんが「子どもがやめたいといっている」と顔色かえて

来られました．だいたい何を言おうとされているかは，わかっておりました．そこで私は「ここは心の修行の場です．だから何も理屈に合ったことばかりをやっているわけではありません．時には理不尽なこともございます」と申しあげましたら，その教会長さん「わかりました．私は親バカでした」と，さっと帰られたということがありました．親が腹を決めればいいのです．子どもは「おとうさん，連れてかえってよ」とすがりついたのですが，そうしたら親は「バカモン，お前はここにおれー」って，帰られたことがありました．命令するとか，押しつけるとかではなく，親が「ここで育ててもらうんだ」「ここで修行させてもらうんだ」という，強い思いがあれば，それが伝わるのだと思います．5年の間でやめたいとかいろいろあるでしょう．そこで支えになるのは，親のこうした思いです．

　また第二専修科の退学を申し出てきたいろいろな学生と話し合うこともあります．そんな時，説得の最終的な決め台詞といいますか，切り札としていた言葉がありました．それは，学生の気持ちをしっかり聞き，それを受けとめて，「お前さんの気持ちも分かる．けれども，親の気持ちを考えたことあるか．親はどう思っているのや」といいますと，ポロリと涙を浮かべ「分かりました．頑張ります」と気持ちを持ち直す学生がほとんどでした．

　しかし昭和60（1985）年にさしかかる頃から，こうした台詞がだんだんと通用しなくなってきました．「親不孝することになるのと違うのか」というと「そうは思いません．親もやめてもよいと言っています」「それは親の本心とは思えないがなあ．ほんとうは続けて欲しいと思っておられるのやないか」「……そんなことはありません．とにかくやめたいんです」．学生との話し合いも，こういうような様子になってきたのですね．もちろん，私共の熱意，心の寄せ方が足りなかったということもありましょう．ただ，明治や大正，昭和の終わり頃までの時代は，親子の絆が良きにしろ悪しきにしろ強かったと思われます．このことは，単に学生の個人的なレベルの問題にとどまらず，親と子の関係が日本の社会で急激に変化してきたことを推測させます．例えば「友だち親子」みたいな関係です．そこでは親が子を支えるという意識が希薄になってきたのではないでしょうか．

　天理教の教説は親－子ということを軸として説かれてきましたが，おそらくそれを受けとる側の，親－子の軸がかなり揺れているように思われます．この

ことを十分に意識した育成が今後求められるのであります．それは何よりも育成の任にあるものが信仰の原点に立ち返って，自らがそのモデルを提示していくことであります．共に歩むことです．それはまた教勢の減退局面を打開していく一つの鍵でもあるといえるのです．

　なお，学校法人天理大学系列の各学校が，信仰の担い手育成のうえに果たしてきた役割は大きいものがあることを，最後に付け加えて，報告を終わりたいと思います．

　　附記　表 IV-1, 2 は第 29 回及び第 72 回の『天理教統計年鑑』による．表 IV-3～10 は各科同窓会などから資料提供をうけ，まとめたもの．

シンポジウム「現代における宗教者の育成」

コメント／ディスカッション

（コメンテーター）井上治代　対馬路人
（発言順）戒能信生　安井幹夫　塩入法道　松本 丘
（司会）弓山達也

弓山　これから，コメンテーターによるコメントとディスカッションに入ります．4人の先生からはさまざまな，そして普段は接することのできないような資料を拝見することができました．各団体の宗教者の育成について，ご報告をいただいた訳ですが，次に，お二人の方からコメントをいただきまして，始めさせていただこうと思います．

　コメンテーターのご紹介をさせていただこうと思います．一番奥にお座りなのが井上治代先生,「ノンフィクション作家」と肩書きに書かせていただきましたが，仏教教団を中心に葬儀やお墓の問題について発言をしておいでで，今回お願いいたしました．もうひとりは，関西学院大学教授で，財団法人国際宗教研究所の理事でもあります対馬路人先生です．多くの宗教団体の調査をされていまして，こういう問題には是非とも，ということでお願いいたしました．それでは，井上治代先生の方から，コメントをお願いいたします．

宗教界に新しい活力を――井上治代――

井上　私はいまご紹介いただきましたように物書きをやっておりまして、もう一方では家族社会学や宗教社会学を専攻して研究活動にもかかわっております．宗教については，家族を基盤にした宗教という限定された分野が守備範囲なので，その他のことについてはほとんど素人でございます．その私がコメンテーターにふさわしいかどうかという問題はありますが，あえて今日お引き受けさせていただきましたのは，現代こそ，宗教外の人々の意見というものが，宗教者の教育にも重要な役割を担ってくるのではないかという，個人的な考えを持っていたからです．

宗教系大学の限界

各教団の立場からいろいろな特色を述べていただきましたが，それを私が一つに取りまとめるというようなことはできないかもしれませんが，感じたことを述べさせていただきます．まず，日本基督教団の戒能さんのお話の中で，「教団全体は下降傾向にある．けれども，教師志望者というのは，減っていない．その中でも特徴的なのがCコース．神学校を経ないで，たとえば，通信教育だとかといったところから入ってくる人がある」という内容のご発言がありました．他の教団でも，全体的に下降気味だとか，大学教育の現場がそんなにうまくいってないという話は聞かれたと思います．ここで私は，大学至上主義的な（大学の仏教学部や神学部で宗教者を育成する方を優位と考える）教育の限界というものが，一つ見えてきているのではないかな，と思いました．かつては大学という教育機関で，すばらしいカリキュラムにそって教えるということがよかった時代もあったかも知れませんが，そういう集団だけで教えるということに少し無理がきているのではないか，という気がいたします．

世襲化とモチベーション

もう一つは，宗教界といえども，日本の社会の中で存立しているならば，日

本社会の社会変動の外では存在しきれないということで，天理教の安井さんも地殻変動のことをお話されていましたが，現在の大転換期をどう乗り越えるかというときに，宗教だけその視点を欠いて存在するわけにはいかないでしょう．じゃあ，それと宗教者の教育と，どのようにつながるかということなのですが，お話の中で，世襲について触れられていました．事前にそういうことについて盛り込んで下さいという依頼があったのかどうか知りませんけれども，世襲ゼロのところから，10数％のところ，かなりの数が世襲的であるところが出てきました．

　私はこの世襲化とモチベーションの関係が気になっています．天理教の安井さんがおっしゃっていました，モチベーションといいますか，その子のやる気，本人の主体的な意欲というものなくして素晴らしい宗教者は育たないであろうと．宗教的な知識教育も必要だけれど，それ以前に，本人の主体的意欲が問題です．そういう場面において，世襲というものが足を引っ張っているのではないかと思います．一方で，公募制という話が出ました．すでに天台宗など，公募制をやっているところがありますが，私の調査地のお寺でもはじめました．新潟の妙光寺（日蓮宗）の小川英爾住職には娘4人．その娘に婿をとる形ではなく，いま住職を公募しています．それも，これまでの宗教界にはあまり見られなかった，一般社会の積極的な方法論を取り入れた公募であるところが注目されます．私は，いまこそ宗教界だけではなく，一般企業が，どのようにしてこのモデルなき時代を乗り越えようとしているか，そこに少しは注目すべきであると思います．電車の中刷り広告にある雑誌の見出しに「消える会社，残る

コメント／ディスカッション

会社」なんていうコピーが躍っています．どの分野も，生きるか死ぬかの企画力，底力が必要とされている時代です．宗教界は例外であるとは言い切れないでしょう．もちろん，宗教界は宗教性を問われますが，その宗教性がこの社会の中にすばらしく活かされるためにも，蚊帳の外にいるのではなく，一般社会の戦略を使いこなしてもいいのではないかと．

　妙光寺では，ただ募集して，面接して決める，というのではなく，時間をかけてお互いの意見を言い合い，実際に働いてみて，お互いがコミュニケーションをとりながら，別の人間が仲立ちしながらお互いの意見を調整し，意見が一致したところで住職になっていくという方法を取るそうです．

女性の力

　それから，発表者の発言の中で，女性が増えているという話しがありました．これも，今後の課題として，あげてみたいと思います．各宗教の教義の上で女性がどう扱われているかということも尊重しなければならないでしょうが，私は，教義を尊重する原理主義的な考え方よりは，長い年月をかけて形成された日本独自の仏教のあり方をもっと肯定的にとらえた方がいいと考えています．肉食妻帯をするならば，女性を在って無きがごとくに扱うのではなく，仏教寺院の中の女性の役割，あるいは女性が住職になるということも含めて，もっと女性の登用を積極的に考えてもいいのではないでしょうか．

　また，仏教における性差別というと，どうしても女性側に視点が行きがちですが，世襲は後継子である男子の職業選択の自由を奪っていることを忘れてはならないでしょう．私が曹洞宗の僧侶達のお話を聞いていて，すごいなと思ったことがあります．「お寺の息子には，自分が，将来どんな仕事に就きたいか，選ぶ自由がなくなってしまっている」．そういう話をしながら，僧侶達が何と言ったかというと，「これは人権問題なんだ」と．

　心から自分が宗教者になりたいと思えるような動機づけとか，モチベーション，本人の主体的意欲，自身で選択したという意識を持てたときに，教育が非常にうまく沁みこんでいくのではないでしょうか．そういうことから私が申し上げたいのは，いま，立派なカリキュラムがありますけれども，そういう既存のカリキュラムの前に，「教育前教育」といいますか，教育をスタートする前の教育が必要なのではないかと思います．

動機づけ

　最近私は，ある教育産業を営む会社の代表者と会いました．その教育とは，就職の前の大学生を集めて無料で行なう社会人教育です．その教育が済んだ学生を，企業側がかかった教育費を払って採用するという仕組みです．そこでの講義は，4時間くらい講義しても誰ひとり席を外さずに聴き入って，感動する人すらいるといいます．どういう講義をするのかとちょっと聞いてみましたら，スピリチュアルな話なんですね．一言でそのような言い方をしていいのかわかりませんが．ある講師は，各国の大使を集めて大使のクラブ活動を主宰した経験のある人で，色々な国の現状やデータがわかっている．学生の前で，今，君たちはこのようにしているけれども，どこどこの国では何々が何%だ，こんな事情がある，と悲惨な状況を教えながら，自分がどうしてこの世に生まれてきて，何をしようとしているのか，どういう時代に生まれ，何をし，何を選ぼうとしているのかといった，主体的に仕事を選んで，それに意識的に立ち向かう姿勢を教育をするんですね．そういった教育の後では，社会人としての行儀見習いみたいなことも，意欲的に学習するようになるということです．この教育を受けた学生は，企業から引く手あまたで100%の採用があるということでした．

　大学を出ただけではまったくそういう意欲も湧かず，学生にとっても，何かしたいんだけど，何をしたらいいかわからない．平和ぼけした日本で彼らは夢も持てずにいる．今の若者たちの中で，社会人になる前に通過しなければならない教育っていうのがあるのではないかなと思います．同様に，宗教者になるための宗教的な教育をする前か同時進行かはわかりませんが，主体的に生きるということを含め，教育前教育みたいなものがあったほうがいいのかな，というような気がしました．天理教の，大学教育ではなく，専門学校的なところから色々なシステムを作ってみたという，そういう試みは面白くお聞きしてましたが，仕向けることはしても，最終的には本人が主体的意欲で選んだと自覚が持てることが，今の社会には必要じゃないかなと．家業であったり，親が選んだということが，一番，今の学生達に，辛い重荷になるような時代ですね．宗教も，自分から選んだって思えるようなスピリチュアルな教育が，カリキュラムの中で加えられていくことを望みたいですね．それはきっと，宗教者の子供だけではなく，一般社会に通じるカリキュラムになっていくんじゃないかな，

という気がします．以上でございます．

弓山　ありがとうございます．発題者のどなたに質問というわけではなく，テーマごとにまとめていただいたと思います．まとめますと，大学至上主義の限界，それから，世襲化とモチベーションといった話も出されていたかと思います．モチベーションと関連づけて，宗教性やスピリチュアルな教育の必要性といったこともお話をされたかと思います．それから企画力，女性の役割といったこともキーワードではなかったかと思います．どうもありがとうございました．続きまして，対馬先生，お願いいたします．

━━━〔コラム〕　型と心（福島謙一）━━━

　國学院大學において神職明階階位は，指定授業の単位取得と5回の実習終了認定により授与されます．この実習は明治神宮で行なわれる（平成17年度は石清水八幡宮）指定実習I，全国の指定神社で奉仕研修を行なう指定実習II，神宮において行なわれる神宮実習，神社本庁で行なわれる中央実習，そして1日の奉仕を1ポイントとし計8ポイントを課せられる指定実習IIIとなっております．

　私はこれら実習を通し，集団の規律及び神職の心得を学び，指定実習IIIにおいて実際に神社で御奉仕をさせて頂きました．どの実習も現場の空気を感じ，現職の神職の方々に御指導頂ける貴重な機会でありました．私自身は各実習先や大学で御指導頂いた先生方に恵まれたと感謝しております．

　しかしながらあえて一言申し上げたいことがございます．私は神職になるうえで在学中に身につけておかねばならぬことは大きく分けて二点あると考えております．それは祭式等々の「型」と信仰心や心構え等々の「心」であります．私は課程を通し「型」は万人に教えることは出来ると思います．けれども問題は神職としての「心」をどう教えていくのかということにあると思うのです．「心」に関しては奉職後に実際の現場で得ていくには遅すぎると思うのです．もちろん実際のお宮でのご奉仕を始めてから学ぶことはたくさんあります．「心」に関しても日々研鑽を積み学んでいくことでしょう．しかしながら，たとえ学生という身分であろうと，将来神職になるわけですから，信仰心というものは在学中に盤石な基盤をつくらなくてはならないと思います．

　幸い私の周りは高い意識を持つ優秀な学生に恵まれましたが，その反面，残念ながら全くといっていいほど神職としての意識の無い方々，神職をただの一つの進路とお考えの方々がたくさんいらっしゃいます．私は実習において，まるでやる気がなく集団規律を乱す行為をする方々を何人も目撃いたしました．もちろんそのような方々には階位を与えなければ，それが神社界の為になるのかもしれません．しかしながら，私達はそれまで普通の学校教育を受けてきたわけであります．なかには入学時は他学部の学生方と変わらない意識の方々も多数おられるわけです．そのような方々を4年間で一人前の神職としての

「心」を持って頂かなくてはならないのです．

　信仰心というものはカリュキュラムを通して身につくものではありません．見て聞いたもの，実際の現場での実習はもちろん，それは授業の一場面や書の一記述などから得られるものであり，畢竟自分自身の内面の問題であります．その点をいかにフォローし，一人前の神職に育てるかということが，現在の神職明階課程において求められていると思います．

　先ほども申し上げましたとおり，信仰心はカリキュラムで身に付くものではありません．しかし日本人であるならばじっくりと神道を肌で感じ，研鑽を積んでいけるようなカリキュラムであれば，自ずと信仰心は芽生えるものと私は思っております．実際私が國學院大學で学び多くの方々に教授して頂いたお陰で，自信を持って奉仕神社へと奉職できるのであります．多くの経験，知識を与えられる機会が多ければ，それだけ感じる場面が増えるわけであります．ですがそれを自己の糧にするかは各々の意識によるものであります．

　ですから大学から多くの機会が与えられているのでありますから，大切なことは仲間同士の助け合い，切磋琢磨できる環境であると私は思います．國學院大學内のみならず，皇學館大学，各養成所の方々と接することも大変励みになると思われます．同じ神社界へ進む者として時に励まし合い，時に叱咤し合うそのような環境がいま神職明階課程に求められていると私は考えます．そうすることで，奉職後も末永く支えあえる仲間，また良い意味でライバルとして切磋琢磨しつつ，研鑽を積んでいけるような仲間が生涯の同志として神社界を支えていくのでなかろうかと私は考えております．

（敬称・尊称は略させていただきました）

外の世界とのつながりを──対馬路人──

対馬 ご紹介いただきました対馬と申します．先程，戒能先生のご報告の中で，キリスト教教職者養成のリストにもありました関西学院大学のものです．ですけれども，実は，私は社会学部に所属していまして，宗教者の育成には直接関わっておりません．そういうやや第三者的な立場でお話させていただきます．とはいいましても，宗教社会学を担当していますので自分のゼミ生には宗教について教えている，あるいは宗教に関する授業の現場に関わっておりまして，第三者的とはいってもやや微妙な立場であります．そうした中での経験ですが，今日お話いただいたことと符合するといいますか，ああなるほどこういうことかということがいくつかございます．たとえば，主に社会学部で講義を持っておりますけれども，神学部でも話しをしてくれとリクエストがきて講義したりします．やはり，社会学部や他の学部に比べて，学生さんの年齢層が非常にバラエティに富んでいます．脱サラ組とかリタイア組という話も出ましたけれども，私より年配の学生さんも混じっていたりします．それと，これは私のゼミ生に関することですけれども，キリスト教主義の大学ですけれども，結構，お坊さんの子弟とかも多いですね．私のゼミには，毎年というわけではありませんけれども，2〜3年にいっぺんくらい，お坊さんの子弟，お寺の後継者が入ってきます．塩入先生，それから天理教の安井先生のお話にもありましたけれども，そうした学生にどうしてキリスト教主義の大学にきたのかと聞くと，お寺を継ぐ，教会を継ぐ前に，一般の学生生活を楽しむ，ストレートにそういったキャリアに入るよりも，一般の学生としての生活をしたいというようなことで来ているといった返事が返ってきます．塩入先生のお話や安井先生のお話を伺って，なるほどな，と思った次第です．私の方からは三点ほど，質問，あるいはコメントをさせていただきたいと思ってます．井上治代先生のコメントとも，ある程度重なる，あるいはかするかもしれませんが，観点が少しずれるかもしれませんので，私なりにお話させていただきたいと思います．

具体的なプログラムは

　今日のお話は，各教団の専門的な宗教者育成のカリキュラム，システムに関して，かなり体系的にお話いただきました．私は宗教社会学の立場からいろいろな教団について研究しておりますが，なかでも新宗教が研究の中心でした．新宗教の場合，教団としての歴史が浅く，その組織的な制度化という面では必ずしも十分ではありません．また，組織的制度化を進める程の規模を持たない教団も少なくありません．したがってこういった養成システムが体系化されていないようなところも多いと思います．そういう意味では，本日登壇の先生方の所属教団はたいへんしっかりとしたカリキュラム，養成システムができているといえるかと思います．ただ，お話の全体的な内容は，宗教者育成のシステムとしての側面が中心で，もう少し具体的なプログラムと言いますか，宗教者としての人間育成の中身が私のような外部の者には伝わってこなかったということがございます．宗教教団も大きくなって歴史もあるということになると，学ぶべき伝統も多く，教育のフォーマルな体系化も進んでいて，ある種の専門職教育的なカリキュラムと言いますか，そういう部分がかなりの比重を占めてくるということもあるかと思います．けれども，一方では，宗教者の世襲化が進行したりして，専門的知識の継承というより宗教者としてのモチベーションの継承が大きな課題なってきてきているように思われます．その意味で，ちょっと大袈裟かも知れませんが，召命感，使命感といったものがどのような仕方で教育されているのか，その育成のためにどのような試みがなされているのか，それがどういう成果をあげているのか，それともいないのか，というような点が気になります．

　本日のお話で主に問題になっているのは，青年期の若者が，ある程度の年齢に達して，どのように専門職的な知識，技能を身につけていくかということかと思いますけれども，他方，青年期というのは，人生の意味について悩んだり，ある意味で宗教的な主体性と言いましょうか，モチベーションと言いましょうか，そういうものへの志向性が強まる時期でもあります．宗教的人格との出会いをきっかけに生き方が変わるなど，感受性が非常に強い時期だと思うんですね．ですから，考えようによってはそこにうまくアプローチをすれば，やり方によってはモチベーションの喚起に非常に大きな成果が期待できるのではと考えたりもいたします．もちろん若いですから，特に世襲なんかの場合ですと，

まずは自己の確立と言いますか，親離れするといいましょうか，親の宗教は継ぎたくないとか，そんな反応に出たりするかもしれません．しかしそうした葛藤や格闘も考えようによっては，求道心の表現と解釈することが出来ます．

そういう意味では，カリキュラムの体系ということでなくて結構なので，モチベーションの喚起にあたって具体的なプログラムとしてこんなことをやってきて，結構反応があったとかですね，うまくいったとかですね，あるいはこんなことをやったけどうまくいかなかったとというようなことを，ご紹介いただければと思います．

潜在的な人的資源の活用

コメントの二番目ですけれども，お話をうかがってますと，最近はキリスト教の場合も仏教の場合も神道の場合も，女性の教職者が増えているとのことでした．それから年齢的にもですね，いわゆる若者とはいえないもうちょっと幅広い年齢層の人達が，そうした養成課程に入ってくると．確かに，一方では宗教者の世襲化の進行ということで志願者のモチベーションが上がらない，後継者がじり貧になるという悩みがありますが，一方，もう少し広く外部を見渡すと，これまで十分に登用されてこなかった潜在的な人材資源，あるいは宗教者，聖職者としてはどちらかというと「予備軍」として扱われてきた人たちの中に，意欲ある人材が幅広くストックされつつあるともいえます．つまり男性に対して女性，青年層に対してもう少し年老いた方ですとかですね．そういう人のなかに宗教的モチベーションの高い人が少なからず存在し，宗教者への道を模索

し始めています．そうした人たちのエネルギーをもっとうまく引き出し，活用するということがこれからますます重要な課題となってくるのではないでしょうか．

　それに対して，さきほど天台宗の僧侶公募のお話がありました．実際やってみますと，あまりうまくいかないということだったと思います．モチベーションは高いんだけれども，専門職としての僧侶という職業にはあまり関心がないといったそういった問題点も出たかと思います．それも，ある程度，活用の仕方次第だと思うんですね．いきなり檀家さんとの親睦なんていうのは，おたがい求めているもの，期待しているものが違うわけですから，なかなかうまくいかないと思います．けれども，もうちょっと，別の形でそれを取り込むと言いましょうか．そういった手だてはないものでしょうか．そんなことも思ったりいたします．確かに外部からの人材は内部の伝統やしきたりに疎く，教団にとって攪乱的な働きをする面がないとはいえないと思います．しかし外部の人材は内部の人材の持っていないいろいろな資質や経験を教団にもたらすことで，教団の活性化をもたらす可能性を孕んでいます．そのあたりをどうお考えなのかおうかがいしたいと思います．

外部の世界との連携

　最後に，ここでは主に教団の教職者，プロの聖職者の養成についてコメントさせていただきたいと思います．そうしたプロの聖職者は，教団でいえば，信者さんの指導者という立場ですから，やはり足元を固めるといいますか，自分の信者さんとの関係をこれまでどおりしっかり強化していくことは確かに大切なことだと思います．しかしそれで十分かといえば，必ずしもそうはいえないと思います．伝統教団であれば，檀家制度とか氏子制度とかによってある程度「固定客」を確保することができました．しかし先ほど，地方の神社でも兼業が増えているとか，経営が苦しくなっているというお話がございましたけれども，流動型社会への移行などの社会変動によって今日では檀家制度や氏子制度といった制度的な支えがかなり弱体化しつつあります．確かに「葬祭は仏教」といった広く根付いた宗教的慣習はそう簡単には廃れないとは思いますが，そうした自分達の伝統的な領分を守っていくだけでは，結局縮小再生産のサイクルに陥り，マーケットとしてはだんだん小さくなっていきます．

一方では都市部など，檀家制度とか氏子制度とかが，だんだん機能しなくなってきた地域では，たとえば葬祭業者の人が社員にお坊さんの資格を取らせて，儀礼だけできればそれでいい，事が足りるというような状況もあるやに聞いています．キリスト教に関しましても，これまでどちらかといえば個人の内面的な信仰中心という面がありましたが，一方では，ホテルや冠婚葬祭業者がキリスト教式結婚式を積極的に打ち出して，葬式仏教ならぬ「結婚式キリスト教」を大いに広めているといった状況も生まれています．つまり，宗教教団でない外部の世俗的業者がこれまで宗教が持っていた縄張りの中にどんどん入り込んできています．信者マーケットの管理という面でもかつてのようには主導権を発揮できなくなってきています．宗教活動の中身の面でも，やはりこれまでの活動領域を守っていくという姿勢だけでは，行き詰っていく恐れがあります．

　そういう意味では，やはり社会に積極的に出て行って宗教の新たな活動領域を開拓してゆくという姿勢がこれからの宗教者に必要になってくるのではないでしょうか．「心の時代」とか「癒しブーム」といわれ，心のトラブルを抱えた人が巷にあふれています．宗教者の出る幕は社会のあちこちに見出されます．そうした外部の世界を巻き込むような力量を持った宗教者をどう育成していくかということです．その場合，育成のプログラムには宗教プロパーの知識や修練だけでない，現代の社会的現実に対する感受性や知識，実技の訓練がもっと必要になるかも知れません．先ほど言いました純粋培養でない外部から来る人材のもつ社会的経験や智慧を活用するのも手立ての一つかも知れません．教団の内部の信者を世話するということに留まらず，宗教者の役割を社会に広げてゆくような人材育成についてどのようにお考えかお聞かせいただければ幸いです．

弓山　対馬先生どうもありがとうございました．三点にまとめていただきまして，一つは，具体的なプログラムの内容を知りたい．特に，モチベーションですとか，また井上治代先生のお話ですと，たとえば霊性やスピリチュアリティの問題にかかわるプログラムを教えていただきたいというのが一つ．

　もう一つは，言葉はよくないんですが，「予備軍」をどう活用するのかということで，男性僧侶に対して女性を，あるいは若い人ではなくてリタイヤしたような人も含めて，もっと幅広い層をどうやって考えていくのかということが二番目．

　三番目は，外部の世界をどう巻き込んでいくのか．井上治代先生のお話ですと，企画力ということが出されていたと思うのですが，そういった点とからんでくるご提起だったかと思います．

　そこでまず，一番目の，対馬先生のご提起でいう，プログラムの具体的な例を，特にモチベーションを高めるプログラムをどのように具体的に工夫されているのかという，かなりこれは宗教者の育成の核になっているのではないかと思うんですが，この点についてお一人ずつお話をうかがっていきたいと思います．まずは，マイクをお取りになられましたので，戒能先生からお願いしたいと思います．

現場では――モチベーションとスピリチュアリティをどう高めるか

戒能　そんなにうまくいっているという話しはできないのですが――．従来，日本基督教団の各神学校の教育の中で最も大きな力を発揮してきたのは，先ほど天理教の場合のご紹介にもありましたように，寮生活です．神学校での授業の内容はたいしたことはなかったけれど，寮の中で神学生同士が切磋琢磨し，お互いに激烈な議論をしたりして，それが自分を支えていると述懐する牧師が多いと思います．ですから，各神学校でも寮生活での自主的な訓練を重んじてきました．ところが，今の神学生たちは寮を嫌がるのです．かつて私たちの頃のような悲惨な寮に比べると，設備が整えられ個室が用意されているにも関わらず，学生たちはなかなか寮に入ろうとしない．寮はがら空きという現実があ

ります。これが一つの問題です。

　私たちの場合、神学教育を各神学校に委ねておりますから、今後は教団として、教職の再教育、再研修を計画していかねばならないと考えています。教職になって10年、20年という機会に、半年なり、1年間寮生活を保障し、神学教育なり、スピリチュアリティなりを補っていかないと、途中で燃料切れになって、教職から離脱していくというケースが、近年増えています。一般にも、折角就職したのに早期の離職率が高いと言われていますが、教団の牧師の場合も同様です。きわめて簡単に牧師を辞めてしまう場合があるのです。1人の教職を育てるのに、随分お金と手間がかかっているのですが、比較的簡単に辞めてくれるので困っているのです。そういう意味で、教師の再研修制度の確立は急務の課題だと思っています。

弓山　ありがとうございました。もしかすると、それではエネルギーの補充をどうするかというような質問が出るかもしれません。またよろしくお願いします。続きまして、安井先生、お願いします。

安井　第一の点ですね。天理教校第二専修科は5年制の専門学校でございまして、附属高校を含めて8年間の全寮制をとっております。私は開設以来、約20年ほど、第二専修科寮の寮長をしておりました。そうした観点から申し上げたいと思います。

講義は後から

　その中でとくに心においたことは，井上治代先生がおっしゃったように，スピリチュアリティ，精神性ですか，そうしたものは学校のコースだけでは補えない．実際の生活の中で，我々職員とともに歩む中に，いろんなものを見たり聞いたり感じたりしてくれるのではないか，ということでございます．ですから，カリキュラムの点から申しますと，最初の１年目はほとんど講義は致しません．これはもちろん，教えに基づいているわけですが，神様の話，教えが心に治まる，納得していくことができるというのは，ただ単に知識だけでは治まるものではない．そういう考え方に立っておりますので，徹底して，住まいとさせていただいております教会本部の，いろいろな仕事——天理教では「ひのきしん」と言っておりますけれども——そういう作業を徹底させていただく．作業といってしまうと味気ないんですが，24時間，神殿境内地の保安をしたり，各部署でいろいろなご用をさせていただいたり，そういう事柄を通して，まあ魂に徳をつけると言いますか，魂をみがくと言いますか，１年間は講義をしないで，教えがすっと心に治まる準備期間にあてている．畑の作業でいえば，種を蒔く前の，開墾あるいは耕しですね．しっかりと心を耕していく．朝から遅くまでひのきしんに励みます．２年目からようやく，午前から夕方まで講義をいたします．もちろん，天理教の教義科目が中心でございますが，布教に必要な，また教会での救済活動に必要ないろいろな教養的科目も学びます．基礎的な医学知識や他宗教の概説など，３年生の前半まで徹底して教義を勉強する．

布教の現実体験

そして3年生の9月、後期から、実際に場所を変えまして、京都や奈良といったところに出ていく。布教実修ですね。ある教会の庭先に、プレハブの建物を建てさせてもらって、そこで自炊しながら、朝から夕方まで布教活動に歩く。これは先人たちの布教のご苦労を我々が味わうというところに一つの主眼があるわけです。当然のことながらお昼抜きで、朝夕のみでつとめさせていただいております。そこで実際に、素晴らしい、絶対だと思っていた天理教が、「こんにちは、天理教です」と行っても、ほとんど相手にされない。布教に対してもっていた希望なり、期待がもろくも崩れ去るわけです。「あんたら若いのに何してんの。働きなさい！」というようなことをいわれたりするわけです。また他の宗教団体の方からも勧誘をいただいたりですね、先方さんからすれば飛んで火に入る夏の虫みたいなもので、今日は2時間缶詰めになりましたとかですね。そんな話もいろいろ聞くわけでございます。いうならば、現実の社会体験といいますか、いろいろな方と出会います。時によっては、親子の問題を相談されたり、またお年寄りの一人暮らしの方も結構いらっしゃって、その方の話し相手になったり、ということも、もちろんあります。お年寄りの話し相手ということになりますと、相手の方は別に天理教の話を聞きたいというわけではないんですね。いうならば一人暮らしには寂しいものがあるわけです。学生なんかはちょうどよいわけです。ですから、また来て下さいと、頼まれる。学生はそこにたびたびお邪魔するようになる。すると、必ずといってよいほどその方の息子さんか娘さんが、その家で待っておられる。訪ねていった学生に、もう来るな、来ないでちょうだい、と断られる。いずれにしても、そんな出会いを通して、それこそ、頭で描いていた姿との乖離を実感するんですね。年齢からいえば、まだ20才そこそこですので、現実のナマの人間模様というものに圧倒される。

現場の問題を深める

そうした実際の布教生活を通して、自分の教会に繋がっていただいている信者さんがどれだけありがたい存在か。1人の信者さんを大事にしなあかんと、そんな思いも芽生えてくるようであります。そう簡単に、「こんにちは、天理教です」と行って、天理教の話を聞いて、じゃあ信者になりますなんてことは

ほとんどあり得ない．そんなことはなくてもいい，かえってなかったほうがよいと僕は思っているくらいなんです．もし話を聞いてくださる方があって，この道に導くことになったなら，俺はやったんだという気になってしまいがちになります．すると，次から先生の言うことを聞かない．聞かそうという意味ではございませんが，そこから止まってしまう．成果をあげてしまうと，これでいいんだということで，次のステップに進まない．だから僕はいつも，信者ができなくていいと学生に話しをするんです．それを半年いたします．いま，日本では肥満が問題になっていますが，布教実修所でしばらく生活をすると確実に痩せます．ご希望の方はどうぞいらしてください．これは冗談ですけれども──．

そして，4年生になりますと，3年生での布教活動で感じたいろいろなこと，自らの心の弱さ，あるいは人の親切にほろっとしたり，また罵倒されたり，塩を撒かれたり，そんな中での悩んだこと，ときには挫折しそうになったこと，それこそ人として布教師として，さまざまな経験をいたします．自分に何が足りないのか，いままで教えというものが身に付いていたと思っていたけれども，実際に，初対面の人と接したときに，何も話せなかったじゃないか．「天理教でございます．お話聞いて下さい」「どうぞ話をしてください」といわれたときに，断られるものと思っているもんですから，言葉が出てこない．何を話していいか分からないという状況に陥ったりすることもあります．

そんなわけで，自分たちは教えを学んできたのに，まだまだしっかりと教えが治まってないな．あるいは社会にあんな問題こんな問題があるのに，どう対処すればいいのか．いろんな問題を抱えて現場から帰ってくるわけでございます．そこで，4年生では，講義では選択制をもって，一般教養科目を多く組み込んでおります．あくまで教義が主でございますけれども，大学や教会から，いろんなところから来ていただいて，自分たちこれからどう布教活動をしていくのか，現場の問題をより深めていけるようなカリキュラムを組んでおります．

学んだことを生かす

そして，5年生になりますと，学んだことを実際の教会の生活にどう活かすのか．ということで，教会実修というかたちで，3カ月間，天理教の教会に，私どもも知っているような教会長さんにお願いして，そこの教会に預けさせて

いただいている．その教会でまた，現実の教会生活，現実の教会布教とはどのようなものかを学ぶ，というカリキュラムを組んでおります．ですから，5年生になりますと，半分はそういった教会実習です．教会に出かけて，現実の教会布教というものを勉強する．それに従事しながら，寮に帰ってきては後輩の指導をする．そういうのがだいたい5年間のカリキュラムでございます．

　それからもう一つ，学校の職員と，寮の職員は重なっております．つまり，寮専任の職員はいない．第二専修科の職員は，全員が寮の職員でもあるという形で，職員が全員で学生達を見ていく．そういう形をとりました．それだけ，学生から言えば逃げ場がないという面もなきにしもあらずです．学校に行っても，寮に行っても同じ顔．そういう問題もありますが，また逆に切り離した場合の問題も別にございます．ですから，切り離していいのか悪いのか——，どっちにしても，結局は運用の問題です．その任に当たって，それぞれの問題に帰していくのではないかと．システム，あるいは制度というのは，いいところもあれば悪いところもあって，ひとつ良ければひとつ悪いというのが必ずございます．それを克服していくのが，その任に当たる職員，我々にかかっているということを，我々自身が自覚していかねばと思っている次第でございます．

弓山　ありがとうございました．5年間の具体的なプログラムをお話いただきました．続いて，塩入先生お願いいたします．

塩入　まず，井上治代先生がおっしゃいました，モチベーションをつけるプログラムというのはないです．モチベーションはたぶん後からついてくるんじゃないかというのが，今までの経験則ですね．世襲化ということの上で話しているわけなんですけれども，だいたいの学生が，嫌々ながらやるわけです．嫌々ながらやるうちに，何年かするうちに，諦めるというんですかね．諦めることが大事ですね．結局，世襲化ですから，日本の心情ですよね．「俺がやんなくちゃしょうがないかな」という諦めの部分が出てきます．3年生，4年生になってきたときに，最初からかなり迷いながら始めるんじゃないかと思っております．それで寮生活ということもひとつ大事じゃないかと思うんですけれども，例えば，叡山高校，叡山学院というところでは寮生活をしておりますし，比叡山のさまざまな寺院のお手伝いを日常的にしながら教育機関に通うという生活

パターンができているという部分もございます．

　大正大学となりますと，大学というひとつの枠がありますので，なかなか宗門の学生だけをどうこうするということができないところがありまして，10年ほど前には，埼玉校舎で宗学の学生は1年間寮生活をしておりましたが，それが半年になりまして，そしてなくなりました．これにつきましては，先ほどのお話のように学生が寮生活に耐えられなくなっているという面や，当局側のいろいろな事情があるでしょうけれども，逆に閉鎖的になってしまうという点がある．巣鴨校舎に帰ってきますと，他の学生と同じような授業を同じように受けなくちゃならない．その中で，悪い面も出てきてしまう．寮生活で親しくなった学生は，後々長い友達になるんですけれども，学内では突出した存在になってしまう．他の学生達からは異様に見えるというようになった．他にもいろいろ問題はあるんでしょうけれども，それで寮生活はやめてしまいました．

　女性や年輩者の問題がありましたけれども，これにつきましては，私どもでも1クラス40名おりましたら，数名は，おじさん・おばさんです．この人達が，いわゆる社会人として仕事を持ちながら入ってきている人，それから，会社をやめまして，僧侶の資格をとる人もいますし，とらない人もいます．仏教のことを勉強したいと純粋な気持ちで学ぶ，そういう年配の方がだいたい1割くらいいるんじゃないかと思います．こういう方は目的意識をはっきり持って入っていらっしゃいます．こういう方が僧侶の資格をとるという場合もあります．それから，青年期にいきなり，仏教の講義を聞きましても，道元禅師じゃないんですから，お線香の煙があがっているのを見て世の無常を悟ったなんていう人はいないんですよ．迷い迷いながらやっていきますから，最初の方で，動機づけということは，なかなかできません．ただ，天台宗の場合は，学生の間に1週間ほどの研修とか，2カ月の行とか，こういうことの積み重ねの中で，何かしら，やっていくんだなぁという気持が固まっていくんだと思います．キリスト教の方で，途中で充電切れするというのがありましたけれども，充電切れしても，世襲というのはある意味ではありがたいんですけれども，なんとか，そこで離脱しないのです．途中でふらふらしても，また戻ってきて——質についてはわたし私は保証できませんけれども，そこそこやっているのではないかと．仏教界を巻き込むような大きなことはできないし，目に見える形で社会教化に関わっていくほど能力はないにしても，檀信徒をまとめて，お寺を存続させてい

塩入法道

くというようなことに関しては——ちょっと寂しい話しかもしれませんが——そこそこの人材は育っているのではないかと思います．
　私は今のままでいいとはもちろん思わないけれど，現代的な激しい世の中で，企業の論理をこういうところに入れていいのかな，お寺まで，檀家さんの方から，あの坊さん出来が悪いから代わりを出してよ，なんていうのがいいのかな，という部分もずいぶんございます．

弓山　ありがとうございました．諦めの心境と言いますか，そうだったのかと，ちょっと驚きました．それでは，松本先生お願いいたします．

松本　神社の場合ですと，皇學館・國學院両大学のカリキュラムは，『古事記』や『日本書紀』の講読や神社史のようなものが多く，精神的なものはやる機会があまりないと言っていいと思うのですが，その他に神社実習があるんですね．これは，伊勢の神宮や明治神宮といった大きなお社でやるわけなんですけれども，禊をしたり，夜間の参拝をしたり，またお祭りの拝観やお手伝いをさせていただいたりします．このように，「百聞は一見に如かず」で，講義の何時間よりも，祭典が厳粛に行なわれてるのを実際に目にすることで，神社の歴史なり意義なりに目覚めていくわけです．
　その他の神職養成機関では，神社に附属のものが多いですから，ここに通っている学生さんは昼間，神社で実習をします．他の神職さんとも一緒に奉仕をして，夜間は授業を受けるわけですから，おのずとそうしたことが身に付いて

コメント／ディスカッション　83

いきます．

弓山　わかりました．実習の中で，ということでした．

安井　すいません．もうひとつ言い忘れてました．世襲化の問題が出ましたので，一言．私どもの場合は，代を重ねる信仰ということが強調されます．私自身も長い間教壇に立っていまして，感じますことは，長い気持ちでみていくということですね．

　これは極端な話になりますが，AとBという学生がいたとしまして，Aの方はすごく燃えている．信仰的には初代ですね．けれども，信仰の積み重ねがないと言いますと失礼ですけど，子供の頃に天理教の教師に助けられて，はじめて天理教の教えを聞くんです．この初代の信仰というのは非常に燃えています．勢いがあります．一方，代を重ねている教会の子弟というのは，ある意味ではぼんやりしたといいますか，そう覇気があるというようにはみえない，そうした学生がおります．将来どうなるのかな，と思わないわけではない．しかし，我々教師から見ていますと，初代の人の信仰というのは，一生懸命やるけれども，どこか危ない．一方は，特別にものすごく張りきるわけではないけれど，淡々とやっている．それがいつの間にか立派な教会長になっている．一生懸命やって燃えていたあいつはどないしてるのかなと思ってみると，いつの間にか腰を折ってしまって，教会に出入りしていない．そんな情報が入ってきたりします．ですから，一概に，そのときのモチベーションだけで判断するのは，

早計であるかな，という思いはあります．そのことは教会の世襲という問題とは別なんでしょうけど，信仰の代を重ねていくというのは，天理教の場合，非常に強調されるんです．そのことが，一方に世襲という社会的な通念があることから結びつくのかなとも考えます．

　教師として学生を見ていると，一生懸命やっている学生が案外あぶないところがあるなという印象が残っているわけです．もちろん全部が全部ではございませんが，ただモチベーションの高さだけに気をとられていると，それが高いだけに，途中でバキッと折れるともう修復がきかない．それと，クニャラクニャラとやっているのが，いつのまにか続いていくというのと，二通りあるんだと，そういう姿を何回か見ております．代を重ねていく信仰のありようというのを，私は非常に大事だと思っております．

弓山　ありがとうございました．モチベーションが上がればすべて解決するというわけではないということですね．モチベーションの話はまた後でフロアの方からも出るかもしれません．

外部活力の導入

　二番目の話題に移りたいと思います．それは，井上治代先生からは，「大学至上主義の限界」という言葉で，対馬先生からは，女性や幅広い層を，「予備軍」「周辺部分」と言っては語弊があるのかもしれませんが，いわば外部活力の導入をどのように考えているのかというご質問が出ていたかと思います．塩入先生の方からは，年をとった学生の方が，意外に問題意識があって，そういう人達にお寺の話があるというような話しもありました．戒能先生，Ｃコースの人，すなわち神学校などを出ていない人達が今後増えてくるかもしれないわけですけれども，そういう方々をどのように巻き込んでいくか，活用という言い方は非常に悪い言い方ですけれども，どのように考えておられるかお話しいただければ，と思います．

戒能　神学校を経ないで教職になるＣコースには若い人も来るのですが，特徴的なことは，ある程度年をとって，仕事のキャリアもある方が牧師になろうと

志願してくるケース多いのです．証券会社の重役を退職して牧師になった人もいますし，音楽大学の教授をやめて牧師になった人もいたりで，いろいろです．日本セールスマン大賞を受けて，日頃から牧師のやり方は下手だ，日本一のセールスマンが牧師をやったらうまくいくだろうと思って牧師になったという人もいました．しかし必ずしもうまくいきませんが——．ともかく，いろいろな多様なキャリアをもった人々が応募してきています．しかし，なかなか思ったようには，うまくいきません．つまり，様々な職業経験の中で成功してきても，それが宗教の世界に入ってきて，必ずしもそのまま活かされているわけではないということを経験則から申し上げたいと思います．

　しかしこういう面もあるんです．地方の過疎地には，本当に小さな，経済的に困難な教会が点在しています．そういう教会で，フルサポートで牧師を招くことは財政的に難しい．ところが，一般の仕事をリタイヤされた人たちは，年金生活者なんですね．ですから，自分は年金をもらうから，教師謝儀は普通の謝儀基準の三分の一，四分の一でいい，活動費だけでいいという方もいらっしゃるわけです．先ほど紹介した証券会社の重役は，私は給料いりませんといって小さな教会に赴任し，とても喜ばれています．その面では．実際のニーズに合っているのです．

　ところが，このようなCコースを経て牧師になった人々に対して「差別」とまで言えないでしょうけれど，温かく迎えて一緒にやっていくという気風がなかなか育ちにくいということもあります．課題山積です．

弓山　ありがとうございました．私，國學院大學で同じ講義を一部と二部でやっておりまして，二部は社会人が多いんですね．かなり違うなと思って，講義しつつ観察しているんですけれども，松本先生いかがでしょうか．宮司さんが減っているというお話もあったかと思うんですが，もともと神職とは無関係であった人が神職を目指すといった，人の活用なり，そういうモチベーションを巻き込んでいくようなお話を．

松本　自分も社家ではないんですけど，神社界はそうした敷居が低いほうだと思います．資格取得の方法にもいろいろなバリエーションがありますので，他所と比べると，門戸が開かれていると思います．こうして自分も神社界の一員

としていられることは，その恩恵にあずかっているわけです．

　しかし，毎年千人以上の資格取得者があるのに対して，実際に神職となるのは約半数です．そうした場合，やはり「社家」の出身者の方が奉職しやすいということがあるでしょうから，社家以外の意欲ある人が「予備軍」に回らざるを得ないという傾向も否定できません．

弓山　教えるほうとしてはどうなんでしょうかね．もともと社家ではない方を教えるというのと，そうではない，たとえば，私の講義ですと，鎌田東二先生の本を読んで，やっぱ神道だと思ってきた，というような学生が何人かいたりするんですよね．そういう，知的好奇心なり，問題意識が芽生えて神道を勉強しに来られて，ゆくゆくはお宮さんに入りたいという方もいらっしゃると思うんですけどね．接し方とか，教え方とか，教導の仕方にポイントがあるものなのでしょうか．

松本　私は國學院大學の神道学科出身なのですが，そこでは神職の子弟と普通の学生が半々ぐらいで，その大多数は神職資格を取って卒業します．神職子弟の中には仕方なくここに来たというようなことをいう者もいましたが，やはり3年，4年と経っていきますと各自にそれなりの自覚が生まれてきたように思います．普段から君たちは将来神職になるのだというようなこともいわれませんでしたし，カリキュラムが余程うまく組まれているからかどうかわかりませんけれども，ある程度の年数を重ねると，神職の子弟か否かという差はほとん

どなくなったという印象があります．神職がそれほどいわゆる「聖職者」とみられていないという点もあるかもしれませんが，そのあたりが神職の特殊性を示しているのかと思います．これはあくまで私の体験からのお話ですが——．

外部との連携

弓山　わかりました．ありがとうございます．三番目の話は，井上治代先生から企画力という言葉で，対馬先生からは外部の人間をどう巻き込んでいくかというご指摘がありました．これについては，フロアの方のお話などもうかがいながら，進めて参りたいと思います．ご発言の前にご所属とお名前をお願いいたします．

フロア　神社本庁の教学研究所におります，藤本頼生と申します．先生方のお話を興味深く聞かせていただきました．今日のお話をうかがいまして，宗教者の育成ということで，特にいわゆる聖職者になるまで，ということが前提だったと思うのですが，やはり社会との関係ということでは，宗教者になった後，生涯学習といいますか，私どもは神社本庁におりますので，指導者養成ということについても研修などがあるのですが，塩入先生もおっしゃってましたが，地域貢献，社会貢献ということで，宗教者の社会活動といったことが問題だろうと思います．それに向けてのプログラムとか，養成課程といったものがあるのか，生涯学習といった中で研修制度の中に組み込まれているのか，そういったことが重要になってくると思います．宗教者の社会的な役割とか，地位というものが，宗教が社会的に貢献していくという意味でも重要になってくると思いますので，そういったお話をうかがえれば．

安井　教団全体に認知されているというような意味ではございませんが，学生を連れて布教実修に行った場合ですね，周辺の掃除，道路掃除等をさせていただくことがあります．もちろん，それをしていいかどうかという問題もあります．早朝からやかましいとか，夜は地域に馴染もうと火の用心に廻るとき，拍子木を叩きますので，「うるさーい！」とか．いろいろ工夫はしますけれども，たとえば掃除をするにしても，今の社会状況からすると，掃除をするに適当な

場所が減ってきている．そういう面もございまして，今なら，新潟とか，豊岡とか，いわゆる災害の起こった場所に，災害救助隊というものを組織しておりますので，出動して，だいたい自衛隊さんが下がられた後で，ひのきしん，まあ災害救援に行くわけですが，そういうプログラムはございます．しかし，昔は掃除してたら，それだけで感心やと喜ばれたけど，今は黙ってやっていると，人の家の前を勝手に掃くな，と怒られたり，なかなかその辺で難しい面があるなと感じております．しかし，そうしたことを継続していくことで，いずれは理解が得られますので，へこたれてはいかんと思っています．

弓山　地域貢献が宗教者のさらなる育成，質の維持，向上に必要なんだけれども，それを受け入れる社会が様変わりしているということですね．

塩入　天台宗では，まず内に向かっての研修ということになりますので，外に向かって何かするための全体的研修プログラム，あるいはなんらかのシステムがあるかというお話ですと，定まったものはございません．ただなにか大きな災害があった時には仏教青年会などが活躍することがあります，または布教部というものがどこの教団にもあるかと思いますけれども，本庁の下に各地域にブロック（教区）がありまして，活動をしています．それから，定期的な教区における研修会．これは，盛んにやっている東京教区のようなところですとか，私の信越教区のように，広いところに少ししか寺院がなくて，なかなか活動ができないところもあり，バラつきはございます．盛んな教区では年に何回か，住職，副住職による研修会は開かれておりますし，本山の中央研修会のようなものも開かれておりますが，全体をシステム化して，プログラム化して何かをするということはないようです．個々の問題に対応してその場その場で研修の目的なり方法なりが考えられているようでございます．

　社会貢献につきましては，私どもは寺院を中心にして地域にどのように貢献していくか，ということでございますので，それはもう，お寺の住職なり，職員さんの力量に任されております．教団としてこうやれ，というようなプログラムは，他の成功した寺院の紹介はしてくれますけれども，一切といっていいくらいございません．住職の裁量，力量，そして寺院の伝統や，ロケーション，地域性によっております．

社会的ニーズのリサーチ

フロア 國學院大學の井上順孝と申します．今のことにも少し関わる質問です．今日の4人の方々は，日本の宗教の中ではある程度伝統的あるいは，社会的認知が進んだ教団ということになるかと思うんですね．新宗教などは含まれていないと．その結果，基本的に家業化したのが多いということですね．それと同時に，どう言っていいかわからないのですが，御利益を前面に出した宗教ではないと．天理教はもともとはそうだったと思うのですけど，今はそういうとかえってやられたりもするということもあるかと思います．キリスト教と天理教はひと括りにできないと思うんですけれども，家業化しているということと，御利益が前面にでないということは，言い換えると，「サービス業化」していると言えると私は思っております．実際，総理府の統計では，宗教はサービス業に入っているんですね．サービス業というのはなんかよくない感じなのですけれども，世間的に考えると，結構サービス業なのではないかと思います．サービス業だと大事なことは，ユーザーのニーズをとらえることだと思うのですね．今の，社会の対応，掃いたら怒られるというのは，逆に，ユーザーが何を求めているかをリサーチしているかっていう問いになるわけです．つまり，普通の人達が宗教者にどういうことを期待しているか．その期待を，ニーズを，次世代の宗教者を養ううえで考慮しているのかをお聞きしたいと思います．

弓山 ありがとうございます．期待されている宗教者像に関してマーケティングをしているかという話ですね．

戒能 一応，仮説的にはいろいろな試みをしているのですが．なかなかうまくいきません．この国の近代史において，教育や福祉などの分野で，それまで社会や国家が取り組んでいない課題をキリスト教会が先駆的に担ってきたという歴史があると思います．しかし時代を経るにしたがって社会の方が追いついてきて制度化が進み，多くの分野で国家や自治体がそれらを担うようになってきた．そうすると，もうキリスト教会がそれらを担う必要がなくなりますし，スキルとか，資金力の問題でも困難になるという状況があると思います．新しいニーズはどこにあるかという問題ですけれども，教職養成の課題の中で，私自

身が一つの新しいケースを経験しました．

　神学校での教え子の１人が，自分が同性愛者であることをカミングアウトし，そのことがキリスト教雑誌に載って広くキリスト教界に知られるようになりました．すなわち自らが同性愛者であることを公言する初めての牧師が現れたわけです．それと前後して，日本基督教団の常議員会で，同性愛者の教職の存在を問題視する発言がありました．実際に欧米の教会でも，同性愛者の教職を容認している場合は数少ないのです．実際には公認していない教派の方が圧倒的に多い．それで，日本基督教団においてそれを認めるか否かが大議論になったわけです．結果としては，現状を容認するということになっています．しかし，それ以降は，続々と──というと語弊がありますが，セクシュアル・マイノリティ──ひとりひとり状況が異なりますから，表現が難しいのですが，自らがセクシュアル・マイノリティであることを公言して牧師になる者が現れてきた．さらに，そのことに励まされて，同性愛者で教会に来る人，あるいは，ずっと教会に来ていたけれどそのことを隠してきた人たちが，自分も神学校に学ぶということが起き始めたのです．

　日本基督教団として同性愛者をどう受け容れるかについては，依然として公的な見解は出せないでいるのです．否定する見解もありますし，積極的に受け入れようという意見もある．教職として認めるべきかどうかについて合意形成が出来ていないのです．しかし，実態は進行していまして，自ら同性愛者であることをカミングアウトしている教職が実際に存在し，そういう仕方で，新しい宣教の課題が起こっています．既に，そういう牧師の教会には，同様の悩みや課題を負う若者たちが集まって来ています．したがって，新しい宣教の課題がそこで起こっているわけです．これは一つの例で，これまで私自身が考えてもみなかった課題に教会が門を開いたときに，そこに新しい宣教の課題が生まれてきているわけです．それが，教職の養成と結びついていると私は考えているのです．

弓山　カミングアウトによって，宣教上の新しい課題に取り組めるような，育成を準備しているというようなことで，ご理解させていただきたいと思います．

塩入　ただいまのご意見，非常にキリスト教的といいますか，西洋的な発想で，

仏教なんかは，融通無碍でございますので，比叡山にはそんなことは昔からあったわけで（笑），そんなこと問題にもしないという——原理原則がないというところがあります．それが善いか悪いかは別といたしまして，なるほど，それは西洋的な発想だと思います．現代の日本は，マスコミ方面でもだいたいそういう発想になってきておりますので，我々もそういう風に考えなきゃいかんかなとは思います．それはそれとしまして，やはり，ニーズということに関しまして，今までずっと葬式仏教とか，ご利益ご祈禱仏教などと言われまして，それから，祖霊崇拝，祖先に対する回向とか，神社の方も似たようなところがあると思うんですが，ニーズとして，人がそれを求めるから，仏教の原理原則からかなり外れても，やってきたというようなところがあります．

　最近私は，人々が少し違う方向で求めてきているものがあるのではないかな，と思っております．それに対してどう応えるかはまだ課題でありますけれども，それは，あからさまな利益を求めるということに対しては，良識ある人々は，むしろそういうのは避ける傾向が多くなっている．そして，こういう言葉は私あまり好きではないんですが，よく「癒し」という言葉がありますが，自分自身の心の問題を宗教に求めていく．ラディカルな意味ではなく，どっちかというと心情的なところだと思うんですけれども，宗教に対する従来とは違う期待みたいなものが一般社会に広まってきているように思います．

　京都は神社仏閣が多いんですけれども，京都っていうとですね，人気あるんですね．全国の観光地で一人勝ちみたいになっています．観光というような軽い部分を含めてもいいんですけれども，いままでどおり，葬式をやっていればいいんだ，ご利益を求めてくる人にご祈禱していればいいんだ，というのとは少し違う風潮になってきたんではないか．それに対する寺院側，あるいは教団側の対応については，我々が意識的に取り組めば，いくらでも方法があるんではないかと思っております．だから一般の考え方が変わってきている，それに対して我々も，たとえば境内に蓮の花を植えるというようなことでも，付近の人がそれに感動して自分から育ててくれる．一般の人がそれを見に来てくれというような簡単なことから，いくらでもできることはあるのではないかと，私自身はそう考えています．

　教団として何をしているかというと，天台宗は昔から伝統的集団の中でも保守的というか，古くさい，なかなか新しい試みというのはできなかったんです

けれども，数年前から新しいことを考える機関もでき，たまたま井上治代さんもそのメンバーで，いろいろご意見をうかがったりしているんですけれども，研究所の中に，社会に対するアプローチを考えるセクションを作って，さまざまに検討しているところでございます．

弓山　そういう新しいセクションと，宗教者養成は結びついたりしているんですか．

塩入　セクションは別になっておりますが，おそらくリンクするところも出てくると思いますので，共通の課題が出てきた場合には共同で考えていかねばならないと思っております．

弓山　たとえば癒しを施す僧侶の養成講座とか，そういうものも考えられているというなど．

塩入　考えられておりますし，大正大学でも，専門的でありませんが，そういう意識を持った学生を育てるカリキュラムを作ろうと思っているところでございます．

安井　教団としてそういうニーズをリサーチしているかということになりますと，おそらくしていないと思います．ただ，布教部などでは「地域に役立つひのきしん」のテーマでシンポジウムが開かれたりしております．また地域に所在する教会が，それぞれのニーズを察知して，できることから実行しておられる．まあ，地域の人々に喜んでもらいたいという思い，何かお役に立つことはないかという思いですね．ただその思いがピタッとはまるかどうか．これは地域にはいろいろな方がおられるので，全部が全部というわけにはいかない．多少理解していただくまでには時間がかかることもあります．その意味では，継続して活動を続けていくことが大事なことになってまいります．いずれにしろ地域社会，あるいは家庭なりが求めている問題とそのレベル，拡がりはさまざまです．その点を考えますと，國學院の井上先生がおっしゃったように，サービス業ではないかと，これは私は一面において納得するわけでございます．た

だそれだけに終始しますと、ちょっと寂しいものがあるわけでございますけれども．信者が私ども教会に何を求めているか．こんな事がありました．夜中に電話がかかってきて、何かと思えば、夫婦げんかして、「会長さんなんとかしてくれー」というわけです．これは放っておくわけにいきません．それで30分、40分車を走らせていく．ところが旦那の方は、こちらが着くまでに、酔っぱらって寝てしまっている．そこへ着いたんですが、奥さんの方は叩き起こして説教して欲しいんですね．しかし、もう寝ていますので、起こさずにおりますと、その奥さんが何と言うか．「会長さんは何しに来たん？」と、まあボロカスですわ．その奥さんにしてみれば、ひとこと言って欲しかったのに言わなかったから、「会長さん、人助けが仕事でしょ」と．もう笑い話みたいな、開いた口がふさがらんというか、本当にサービス業ですよね．もちろん、私どもはサービス業にとどまるものじゃございません．ただニーズに応えるということ、これは疎かにしてはなりませんが、それに終始しておれば、サービス業そのものになってしまう．サービス業にとどまってしまうんではなく、そこを越えて、生き方の指標、真に救かる方向を示すということを目指してるんですが、求めているほうが、その時々によって、その辺のレベル、というのもありますよね．

弓山　ありがとうございました．

求道者型の人材

フロア　玉光神社の本山一博と申します．私ども立教して70年くらいの新宗教ですが、新宗教ですから信者さんがだんだん先輩になって、いつのまにか教師役になるというのが非常に多くあります．信者さんにはいろんなタイプの方がいますけれども、一番多いタイプは、利益（りやく）を求める．いろいろな問題を信仰することによって解決したいというタイプ．もう一つ、あなどれないグループというのは、求道者型人材と社会対応型人材という言葉があったので思い出したんですが、求道者型の信徒さんというのがいまして、よくみてみますとその中にも二つのタイプがある．

　求道者型の信徒さんの中には、自分たちが倫理的なエリートである、あるい

は世界の秘密である宗教的真理を知っている者であると思っている．あるいは，宗教オタクであると思っている人達がいる．実は，そういう方達が信仰に対するモチベーションが一番高かったりするんですね．そういう方達は固まって，カルト的な小集団を作る傾向もまたあります．そういう方達は，モチベーションが高いので教団にとっては大事な人材であるけれども，いろいろ問題もはらんでいる．要するに，教団の外部に開いて人材を求めると，必ずそういう人達が入ってくる．そういう方達のコントロールが課題となるんですけれども，そういう教育の問題，先生方その点はいかがでございましょうか．

弓山　はい，わかりました．さきほど塩入先生の方から出ました，求道者型の人々のモチベーションをどういうふうにコントロールしていくのか，あるいはしているのかというご質問だったかと思います．

塩入　僕は求道型と書いたんですけれども，自分の修行，自分の癒しを求めてくる人が，学生でも，比叡山で行なっている公募制でも多いんですね．そういう人達は真面目に修行もしますし，おっしゃる通り，世襲できたボンボンなんかより比べ物にならないくらい，モチベーションが高いんです．ですけれども，やはり高いから高いだけ，オタク的なところもある．今の寺院経営とか寺院運営にはお金の問題とかあるわけですが，その嫌な部分を見てしまう．それを改革したいと思っていく．しかも早急に改革したくなってくる．長い時間をかけて我慢しながらやっていくというのであればいいんですけれども，あせってしまう．するとどうしても摩擦が起こってくる．そうでなければ，途中で見限るんですね．天台宗なんてこんなもんかと．山の中で回峰行などの修行をして，走り回っている間はいいんですけれども，実際問題として地方寺院の台所具合や裏の部分をのぞいたりしますと幻滅することがあるんだと思います．

　でも，こういう人達もうまく育てれば，社会対応型の立派な住職になると思うのですが，そのプログラムとか，どうしたらいいかはわからない．縁があってそれぞれの寺院に収まっていく人もありますし，飛び出したままになってしまう人もあります．もちろん，大正大学の寺院子弟の学生の中にもそれはあります．だけれども，外から入ってくる人の方がどちらかというとそういう傾向が強いと思います．大正大学の仏教学科に入って，僧侶になりたいと言ってく

る学生もずいぶんおりますが，大正大学では，そういうシステムができておりません．個人的に私自身や僧侶である先生の弟子にどんどんさせていけばいいんですけど，なかなかそれに応え切れない．応えられないと，大正大学なんてこんなものかと，大正大学嫌いになってしまう可能性もあるわけです．それは悩むところでございます．

弓山　ありがとうございます．なかなか，高いモチベーションをコントロールするのは難しいというお話ですね．

戒能　日本基督教団の場合，全国で1,700教会がありますが，それぞれの教会での自由度が高いのです．様々な教派の合同教会であるという歴史から来ているのですが，端的に言うと，毎週の礼拝でどの讃美歌を使おうが，どの聖書のバージョンを使おうが，どのような礼拝の式文を使おうが，全く自由なのです．そのような中で，「カリスマ型の教会」と呼ばれていますが，非常にモチベーションが高い，日本の教会としては珍しく，500人以上の会衆を集めている教会が，教団の中にいくつかあるのです．そういう教会の牧師は，カリスマ型の指導者ですから，教団本部からの統制は容易には効きません．けれども，そのような大教会も，教団から離脱して単立教会として充分にやっていけるのですが，高い負担金を払って教団に留まっているのです．つまり，そのようなカリスマ型の教会にとっても，日本基督教団に所属し続けるメリットというか利用価値があるというのです．そのお1人にお話を伺うと，やはり次の世代の指導者，教師養成の問題がある，教団を出て自分たちだけの単立教会になった場合，教職養成の点で不安があるとはっきり言っておられました．わが国においてキリスト教の歴史は短く，一時的にカリスマ型の指導者によって多くの信者を集め大きな勢力をもつ教会があります．それもだいたい30年くらいの周期で普通の教会になっていきます．そのことをよく見ている方たちは，やはり大きな組織である日本基督教団の一員として，高い負担金を払って，もし問題が起こったときには教団所属の教会として是正されていくという可能性を選び取っていく，という面はあるわけです．それをコントロールと言えるのか，放任しているといえるのか微妙なところです．

　それからもう一つ，表現の仕方が難しいのですが，カルト型の宗教団体から

の救出活動の経験が日本基督教団の牧師たちにとっては非常に大きかったのです．これによって我々は随分いろいろなことを学びました．カルト型宗教の問題性ということを，脱会者を救援する側から学んだわけです．ですから，我々自身の中にも存在するカルト型宗教，カリスマ型宗教の危険性という問題をつきつけられているわけです．それはこの20～30年間の教団の対社会的な取組の中で，非常に大きな経験であり，遺産であったと思っています．

弓山　それは，神学校のカリキュラムやプログラムの中にフィードバックされているという——．

戒能　はい，そうです．救援活動をしている人たちを呼んできて，神学校でその経験を話してもらうのです．これは大切なことなんです．

問われる宗教者の資質，そして育成する側の姿勢

フロア　学習院大学大学院の寺山と申します．先程からモチベーションの高さという話が出ていまして，今日は現代における宗教者におけるモチベーションの高さが問題になってきているかと思います．ただ，現代は高度情報化社会というような，インターネットで簡単に情報が手に入るような時代ですから，宗教者と信者ということで言いますと，信者の方で，モチベーションが高くて，仏教書なども本屋さんに行けば簡単に手に入る時代ですから，そこでかなり詳しく勉強している方もいらっしゃる．そういうことを考えると，そういう詳しい勉強をされている信者さんと宗教者といわれる方とどう違うのかということも問題になってくると思うんです．さらに，今回の発表で「宗教者としての資質」という言葉がレジュメの中に出ていますが，個人と宗教者というものを分かつ「宗教者としての資質」という言葉の中身とはどのようなものか，お考えをうかがいたいと思います．

弓山　ありがとうございました．4つの教団で育まれる宗教者の資質と，例えば三省堂の宗教書コーナーで宗教書を読んでいるような求道的な一般の方々にはおのずと違いがあるんだろうという仮定のもとで，それを確かめたいという

お話でしょうか．これら4つの教団でなければ育まれないような宗教的な質はあるのか，というようなお話ですね．抽象的でお答えづらいかもしれませんが──．

安井 端的に申しますと，人を救ける心を持つ，これが宗教者としての資質で，天理教の場合，いちばん大切なことではないかと．これは，相互扶助というような倫理上の助けということももちろん大切ですが，それをさらに突き抜けたところの，人を救けていく心というものが，宗教者に要求される資質として大事な点だろうと思います．これはもちろん私の個人的な考えですが．

戒能 今の安井先生の答えとまったく同じなんです．牧師の資質として最も求められるのは，そこに困っている人，悩んでいる人がいると，身をかがめてその話を聞いて，そしてそれと同伴することができるかという，そういう資質が求められているんですね．教会に仕える牧師には，スピリチュアリティとか霊性とかいうことは大切なことですけれども，そういう宗教オタク，宗教フリークみたいなことよりも，隣にいるその人に身を添えて行くことが出来なければ，何にもならないですよ．私たちが神学教育の現場でも，新任教師の研修の場合でも，その点を非常に強調します．その点では，天理教さんとキリスト教は，非常に共通しているのではないかと──．

弓山 ありがとうございます．

フロア 妙光寺の運営推進室の坂口と申します．妙光寺ではいま住職一般公募ということを行なっています．話を聞かせていただいていて，たくさん感じるところもあります．私自身は一般企業にいて，ベンチャー企業とか経験したうえで，今，妙光寺さんと一緒にやらせていただいています．なぜ私が妙光寺さんと一緒にやらせていただこうと思ったかというと，私にとってはお寺というと，お墓に行ったときの重たいイメージがあって，本堂は閉まっている．檀家以外の人は入れないというようなイメージがありました，実際のところ．行ったらお金取られるんじゃないかと思っていました．

　しかし，妙光寺に行ったときに，ここはお墓なのかという清々しい空気が流

れていましたね．なおかつ，本堂からすべてが開いていました．どんな人でもやってこられるような環境だったんです．こんなお寺を今までみたことがありませんでした．その時に，住職と話がしたいなと思いました．先ほど國學院大學の井上先生がサービス業とおっしゃっていたように，そのお寺の住職は，檀家の方々と新しいお墓のあり方を考えていて，生前のお墓を作られました．その方々全員とあって話をして，その方々がいつでもお寺に来られるような状況を作りたいんだ．要は，ホームヘルパーに近いものが本当のお寺のあり方ではないのかという言い方でおっしゃっていたんですね．その上での一般公募ができるかもしれないと思ったのは，人を求めるためのモチベーションを求めていますけれども，大切なことは，自分達のモチベーションはどうなのか，楽しいところに人は寄ってくるんじゃないのか，そう私は考えています．一般企業で，ベンチャー企業に来る人達というのは，楽しく働いているんですよ．モチベーションの高いところに人はやってくると思います．まず，住職と話をしたのは，自分たちのお寺はどういうお寺なのか，まず自分たちから情報を発信すること．お寺はこんな楽しいところだし，今後はこういうことをやっていきたいということを発信することが第一段階として大切なんじゃないかと考えました．

　今はフリーターが400万人と増えているそうですが，私たちが学生の時に，少なくとも，この会社で働こうという会社で働いていた人達は，モチベーションの高いところで働いていたと思います．ただ，今の我々の40代というのは，本当に楽しく仕事をしているかというと，そんなことはないかも知れませんね．大切なのは，自分たちがどうして募集したいのか，こんなにいいところに来てくれませんか，ということを情報として発信することが第一段階として大切なんじゃないか思ってはじめたら妙光寺にはそれがあったから，一緒にやろうと思いました．そこにいま，リクルートさんと一緒に，まずは，妙光寺という場所はこういう場所ですとうったえかけようと，リクルートにも賛成していただいて始めたのです．

　その次の問題で，たしかにカリキュラムの問題だとか，育成をどうしたらいいのかと考えることは大切だと思います．ただ，一番大切なのは，私たちのモチベーションはいったいどうなのか．そのモチベーションが高いと人はやってくるんだということ，相手を求める前に，まずは自分たちを見ましょうということで，私たちは始めて，来年あたりに，住職の一般公募を考えています．

弓山　発信する側のモチベーションがどうなっているのか．子弟育成のプログラムというより，むしろ教員の資質でしょうかね．さきほど対馬先生がおっしゃっていた，外部を巻き込むということとか，井上治代先生のおっしゃっていた企画力ということと関わると思うんですけれども，我々は宗教者を育成するこんなに素晴らしいプログラムを持っていて，これを受けるとこういうふうになっていくんだというのは，自信なり，お考えがあると思うんですが，それがどのように社会に発信されているか，工夫されているかというご質問ですね．わかりやすかったのは，塩入先生の天台宗の一般公募ということだったと思いますが，他の先生方はいかがですか．

安井　今の若い人，と限定してしまうわけにはいかないように思いますけれども，大方の人たちは，生き方のモデルというものを求めて迷走していると，私はとらえているわけです．そうした状況にむかって，いろいろな情報の発信の仕方はあるんでしょうけど，いまのところは教会長の一人一人の考え，工夫よってなされていることが多い．教団新聞や機関誌において発信されているのは，対社会というよりも，そうした教会長なり信者の方々に対してで，世界に向けて発信しているということは少ない．全国紙に意見広告を掲載することはありますが，それは数少ないですね．ただし，布教活動の土台にしているのは，対社会を対象としたラジオ放送や，リーフレット，チラシ，さらには特別な新聞があります．その新聞は月１回の発行ですが，その発行部数は百万部を超えると思いますが，それを利用して布教活動を展開しています．

　どれが本当の生き方かというと，これは人間のやることですから，これで十分だというモデルはないわけで，さきほど申し上げましたように，人を救ける心というものをどれだけ発露できるか．そうしたことを，私は生き方のモデルということの根本に見据えているわけなんです．ですから，ああいう人になりたいな，ああやって生きていくのか，ああやって喜んで生活していくのかと．これは，ともに歩かないと伝わりにくい部分で，ただこうするんだというのは，参考にはなりますけれども，おそらく伝わるものは知識だけであって，生き方のモデルを相手に伝えるのは難しいものがあると私は思います．したがって，今の若い人たちに対して，こういう生き方をしていくんだ，物事はこういうふうに考えるんだ，こういうふうに思案するんだということを，始終言いながら，

ともに，歩もういつも心がけている次第です．

弓山　よろしいでしょうか．あえてコントラストをはっきりさせる必要はないのかと思いますけれども，リクルートさんを通してなのか，そうでなくて，信徒さんなり教師ひとりひとりが発信していけば自分の姿を通して，というような違いとして現れたのかな，と聞かせていただきました．

フロア　薄井篤子です．思っていたことがあってお聞きしたいので．私も井上治代先生と同じで，ずっと女性のことを研究してきました．神職とか僧侶とか聖職につこうと思っても，なかなか開かれてはいるんだけれども，見えないハードルがいろいろあって．たとえば資格はとっても女性はね，という教会もあったり，夫婦でという形だと個人の資格が活きなかったりするというのを耳にし，それが気になっていました．このシンポジウムを聞いていると，育成されるのが若い男の子ばかりのイメージが強くなってきて，公募されるときにも男性だけ，教学の学校を作る時にも男子校．最後にまとめるになると女性は「予備軍」にまでされてしまっている——．女性の中には，多くの問題を抱えてやってきているし，実際に聖職者となって現場にいて自分のエネルギーを活かしたいと思っても結局はそれを活かせないで今にきている方々もいると思います．これからの問題として，女性の特性を生かす道を考えなければならない．「予備軍」というのは，ちょっと違うかな，と思っています．それは育成される方にも問題があると思いますが，育成する側にも考えなければならないことがあると思います．育成しようという側に女性スタッフがどのくらいいるのでしょうか．もちろん女性がいればいいというわけではありませんけれども，いろんな宗教の関わり方があるのを活かそうというときに，スタッフに女性がいてもおかしくないだろうと思いました——．これは質問というよりも，現実に少ないというのは分かっておりますので，スタッフの方にもまずいろんな方を入れていただく，女性たちにも資格もって頑張っている人が多いと思いますので，そういう人達の力も活かして欲しいなと考えております．

塩入　私は女性だけを「予備軍」といった覚えはないんですけれども，それから，公募制で女性の募集がない，ゼロだというのは，伝統的に男性社会ですか

ら，女性スタッフがほとんどいません．また少人数の中で男女一緒にやるということにはさまざまな問題が起きかねませんので，現状ではとりあえず男性だけとなっております．それから天台宗は加行というのがありますが，年に3回ありまして，夏の加行は女性を入れない．春と秋だけにしてくださいと．大正大学の男子学生は3年生の夏に行くのが普通ですが，女子学生の中には，女性を差別しないで，是非夏に行きたいという方もいますが，血気盛んな若い連中が数十名共同生活しているところにですね，女性2，3名いたとすると――，本当は女性用の別の場所を作ればいいんですけれども，そこまでまだ施設もお金もないし，スタッフもそろわないし，出来ないんです．夏の行に女性が入ることによって，全体の修行がぐちゃぐちゃになってしまう恐れもありうる．男性の生理を御存じだと思うんですけれども，男性が多人数いるところに，若い女性の尼さんが数名いたら，閉鎖された環境で長期間の共同生活ですから，行が成り立たなくなっちゃう，現実上．ですから，申し訳ないんですけれども，春や秋は人数が少ないし，高齢者の方も来ておりますし，女性のスタッフが一員として指導をしますので――，ということでございます．だんだん女性のスタッフが増えていけば，そういう対応もしていきたいと天台宗も考えておりますし，私自身も考えております．

弓山　塩入先生がされている一般学生の夏期研修道場っていうのは，女性の方が圧倒的に多いんですよね．

塩入　3分の2が女性ですね．これは別にお坊さんの資格とは関係ないんですけれども，夏の3泊4日くらいの研修を，比叡山とか，長谷寺とか，智積院とか，知恩院とかでやっておりますけれども，ほとんど7割くらいが女性です．だからもちろん女性スタッフもお願いしていきます．男性はこういうことにはあまり関心がない．女性の方が興味をもって参加していただいております．

弓山　ある種，先ほど井上順孝先生がおっしゃられたようなニーズの把握ということに絡んでくるんじゃないかと思うんですが，実際，7割近くが女性で比叡山に行くようですが，公募のお坊さんは男性というようなところとか，また，なぜこのシンポジウムの人選が男ばかりなのかとか，そういうところも含めて

の御意見，御要望を言っていただいたとご理解させていただこうと思います．ありがとうございました．

　もう時間もすぎまして，ここでお開きにさせていただこうと思いますが，当初，このシンポジウムは世襲化に対する議論がかなり厳しく行なわれるかなと思っていたんですが，むしろ，世襲化のポジティヴな面をお話になった先生もいらっしゃいましたし，私としては意外な展開だったかと思っております．また，モチベーションの問題は，やはり大きくクローズアップされたかと思います．ただ，重要なことは，上げればいいんだというのではなく，それをどうコントロールするかを考えなければならないと思います．さらに，最後の質問にもありましたように，ニーズの問題ですとか，社会にどう発信していくのかという指摘も深刻です．もともとこのシンポジウムの問題提起として，宗教は社会のセクターの中でとても重要であり，宗教の健全な発展は社会を豊かにするんだと話をしました．考えてみれば，では，素晴らしいプログラムがあって宗教者として頑張っていきましょう，という発信は十分に見えていないということも気づかされました．そのやり方については先生方にもお考えあるのかもしれませんけれども，このあたりは，今回のシンポジウムでは十分議論できなかったかなと思っております．以上，まとめにならないようなまとめで終わらせていただくんですけれども，本日の，現代における宗教者の育成シンポジウム，お開きにさせていただこうと思います．パネリストの先生，コメンテーターの先生，ありがとうございました．

〔コラム〕 居士林道場体験記——在家の視点から——（池田祐子）

　比叡山延暦寺——この名称を最初に耳にしたのは，小学校の社会の授業であっただろうか．日常生活において，仏教とはほぼ無縁だったが，縁があって入った大学は，たまたま仏教の大学だった．夏期研修のプログラムとして，居士林道場の研修があった．この大学にいるうちしか行くことはないだろうという単純な理由から，4年生の夏，参加を決心した．参加経験のあった友人からは，「厳しすぎる」「辛かった」「2度と行きたくない」という声があがっていたが，そのような言葉を聞けば聞くほど，未知の世界に対する好奇心が疼いた．鬱蒼と茂る木々．湿気を含んだ重い空気．バスを降りて5分程度歩くと，簡素な木造の建物がある．そこが，居士林道場だ．3泊4日の，お互い見ず知らずの44人の共同生活は始まった．
　研修のしおりには，「生活全てが研修です」と記されているが，それは本当に厳しいものだった．食堂・沐浴・東司（トイレ）は三黙堂といい，音を立てずに速やかに行わなくてはならない．食事はご飯とごま豆腐，漬物，味噌汁，夜はそれにおかずが一品つく程度の大変質素なものであった．沢庵を食べる音すら立ててはいけないというのはかなり難しかった．しかも，食事を残してはならず，茶碗も，最後はお茶できれいにすすいで飲み干さなくてはならない．研修最後の夜は，カレーが出された．なかなか落ちないルウをお湯ですすいで飲んだが，あの味は今思い出しても決して美味しいものではなかった．
　入浴時間も，たった15分，ろくに体を洗う時間すらない．風呂から帰るとすぐに坐禅をした．息をつく間もない．
　主な仏道研修として，作務，写経，坐禅止観，読経が行なわれた．作務は掃除だ．皆で協力して，居士林の隅々を清掃する．坐禅止観は，ほの暗い堂塔で行なわれた．静寂につつまれた中で，半眼の姿勢で瞑想する．心が静まった．写経は，この研修に行く前から，大学の授業を受講していた．配られた経文を一文字ずつ丁寧に書き写すのだ．
　頻繁に般若心経を唱えたのは印象的だ．食事前，堂塔についた時など必ず一読した．最初は教本の文字を目で追うのに精一杯だったが，いつのまにか，すんなりと唱えることができるようになっていた．大変リズミカルな経文で，唱

えながら少しずつ気分が高揚していったのを覚えている．そして，この研修のメインだったのは，比叡山を一周する，三堂（東塔，西塔，横川）巡拝だ．夜中の1時に居士林を出発した．懐中電灯をぶら下げ，ただ黙々と歩いた．道は獣道，暗くて前も見づらく，歩くスピードもとても速かった．山の下へと転げ落ちてしまうのではないか，最後までやり遂げられるかという不安にかられた．途中，千日回峰をしている僧——阿闍梨様を拝むことができた．白装束をまとい，杖をつき，念仏を唱えながら足早にとおりすぎていった．一心不乱，というより，形容しがたいが，尋常ではない迫力を帯びていた．

　早朝には山を下ることができた．朝食をとり，本格的に厳しいのはこれからだった．延々と続く上り坂，日が昇り，強烈に照りだした．暑い．体力はすでに限界を迎えていた．皆もつらそうだった．杖を借りて歩く人，具合が悪くなりうなだれる人……．一緒に行動していた友人も途中ではぐれてしまった．腰に，タオルで結びつけた清涼飲料水のボトルだけを頼りに，少しずつ飲みながら，無心でひたすら上った．正午前には居士林にたどり着くことができた．足は棒のようになり，所々かすり傷を負っていた．衣服は汗でぐっしょりしていた．疲れ果てた．しかし，慄然とそびえたつ山々に囲まれ，見上げると，青い空はどこまでも広く，高い．風が汗だくの体を通り抜ける．大自然に包まれているという一体感が身体を巡る．感無量だった．

　今振り返ってみても，居士林道場の研修は，貴重な体験として深く記憶に刻まれている．しかし，修行というよりは非日常体験だった．しかもその体験は，娯楽で行く旅行とは異なる．規制があり，辛く，苦しいものであったからこそ，意義があるのだ．また，荘厳な大自然に囲まれ，自身の存在や，日常の雑事がどれほど小さいものなのかということを諭された気がした．

　現在，私は社会人で，工場の事務職員として働いている．簡単な入力作業，毎日同じ作業の繰り返しである．楽な作業が飽きとなり，辛いと感じるようになった．これに耐えることが，むしろ私にとっての修行なのであろうか．この文章を執筆している今，2年前の居士林の体験が，リセットボタンとして，強く押されている．

第Ⅱ部

宗教者の育成の現状と課題

仏教系大学における宗侶養成教育の現状と課題
―― 浄土宗および佛教大学を中心に ――

安達俊英

はじめに

　タイトルには「仏教系大学」とあるが，他の仏教系大学を詳しく調査したわけではないので，実際には私の属する浄土宗，中でも佛教大学のケースを念頭に置いた報告が主となることを，あらかじめご了解いただきたい．ただし，知り得た範囲で他の宗派や宗門大学の現状等を管見するならば，浄土宗や佛教大学における現状と課題が他の仏教系大学においても少なからず当てはまることも事実である．よって，以下の論述は佛教大学の場合を中心にしつつも，おおよそは日本における仏教系宗派や宗門大学全体に共通する問題を扱うことにもなるであろう．

　なお，本稿でいうところの「宗門大学」とはその宗派の僧侶養成も行なっている大学に限定して用いている．宗派が設立したりまた何らかの形で宗派と関わりがあるものの，宗侶養成（僧侶養成）を行なっていない大学は除かれている．

　また，以下で紹介する情報に関してはできる限り正確な情報を提供することを心がけたが，中には不正確であったり，明らかに間違っている場合もあるかもしれない．もしそのようなことがあれば，それは私の責任である．どうかご容赦願いたい．更に，課題（問題点）としての指摘はあくまで私個人の見解であることも付記しておく．

1 仏教系大学における宗門子弟の教育の現状と課題
　　―― 佛教大学を中心に ――

僧侶養成のための時間数の不足

　まず，宗門子弟に対する僧侶教育の問題から話を始めることとする．そもそ

も宗門大学の歴史をたどればその大半は，僧侶養成の機関・道場に遡る．それを後に大学として再発足させて以降，理念的にはその宗派の祖師の精神をより広い分野の教育・研究に生かすため，現実的には大学としても経営維持のためや大学としての体裁を整えるために僧侶養成以外の教育課程，即ち仏教学部や仏教学科以外の学部・学科の整備を行なっていった．実際，身延山大学を除けば，現在の仏教系大学は全て，多かれ少なかれ，仏教学・宗学以外の教育課程を有しているといってよい．

 ところが，このようにして大学として再発足・発展してゆくにともなって，大学設立の最も根本的な使命であった僧侶養成に関し，いくつかの問題が生じてきているのも事実である．まず一つは，大学での授業という講義形態上の制約を受けて，かつての僧堂教育のような十分時間をかけた僧侶養成が難しくなった点である．例えば，大学の教育としては，仏教以外の一般教養的な授業も単位取得する必要があり，これが僧侶としての幅広い教養の獲得に貢献しているともいえるが，その一方で，仏教系の講義時間数や講義種別に実質的な制限が設けられることになってしまった．よって時には，基礎的な知識を欠いたまま卒業してゆく学生も見られる．確かに，卒業単位は充足しているわけであるから，基礎的知識を学ばなかったというわけではなく，試験の時には一旦は理解していたのであろうが，おそらく繰り返して学ぶ程の時間数がなかったため，学生の能力によっては，最終的にそれらが身に付かずに卒業に至ったと考えられる．

 また，そのような時間数不足は，特に僧侶にとって不可欠な法式をはじめとする様々な威儀作法の修得に支障をきたす場合が生じている．昔ならば各寺院での小僧生活の中で，更には一定期間の僧堂生活の中で，日々それらの実践を積み重ねてくるわけであるから，必然的にその実践修行の時間数は相当な量が確保されることになる．法式のみならず，掃除の仕方や障子の張り替え方，その他の日常的な礼儀作法など，様々なことが修得されたはずである．ところが，現在の大学における授業の場合は，そのような実践は最小必要限度に限られる．佛教大学の場合を例にとると，一応，3ヵ月間（12週），火曜から木曜まで僧堂生活を送ることが義務づけられているものの，これだけの時間では法式の基礎を修得するだけで精一杯である．しかも最近は寺院出身者であってもほとんどお経も知らず，大学で初めて学ぶという学生が増えており，状況をより深刻

化させている．したがって，法式以外の実践の指導などはほとんどできないのが現状である．

佛教大学の場合，このような現状を鑑み，新カリキュラムでは講義系科目の講義内容を固定化することによって，できるだけ浄土宗僧侶として必要な事項を繰り返し体系的に教えることができるように改め，また書道・御詠歌などの実践系の授業を増やすなどして，何とか現状を改善しようとしている．十分とはいえないが，改革の努力はなされている．

大学における僧侶養成課程の教員数の問題

仏教系の大学の中には，仏教学部・仏教学科以外にそれほど学部・学科を併設していない大学と，他の学部・学科を相当数併設している大学とがある．駒澤・立正・龍谷の各大学などは法学もしくは経済学関係の学部・学科を持ち，更に龍谷大学の場合は理工学部まで擁する．

この内，前者の場合，最近の18歳人口の減少にともない，入学志願者が減って，大学そのものの存立が心配されるようなケースが生じてきた．いずれ，手を尽くしてあくまで大学として存続するか，かつての純粋な僧侶養成機関にもどすかの検討を迫られる大学もでてくるかもしれない．ただ，仮に大学が閉校になっても，宗としてのイメージに些かダメージがあるものの，僧侶養成そのものはそれほど大きな打撃を受けることはないであろう．

一方，後者に属する大学の場合，大学としてのネームバリューがそれなりに高いものがあるので，大学としての存続が危ぶまれることは当面ないと思われるが，大学の規模が大きくなり，大学全体の偏差値が上がれば上がるほど，僧侶養成に問題が生じてくる可能性がある．

まずその第一点は，大学全体の規模の増大にほぼ反比例して，仏教系の学部・学科の規模や影響力が相対的に低下することにともなう問題点である．そもそも仏教系の大学の場合，その大学設立の経緯などからして，仏教系の教員の数が学生数に対して比較的多く確保されているのが普通であるが，小さな大学の場合なら少しくらい仏教系教員の数が減少しても，大学全体の中における比率が高いため，仏教系教員の相対的影響力はそれほど低下しないものの，大学の規模が大きくなると，その相対的な影響力が弱くなり，他の学部・学科の教員の中には仏教学科も大学内の単なる一学部・一学科にすぎないという認識

を持つ教員が増えてきて，仏教系教員の超過に対する批判が往々にして生じてきているようである．佛教大学の場合も，仏教学科の学生定員は全学比 10% であるのに対して，教員数は全学比で 15% となっている．この数字は実は仏教系の大学であれば普通かむしろ低いくらいであるが，それでも全学的な配慮をなした場合，仏教系教員の数を減少せざるを得ない方向にあり，今後更にその傾向が強まるのではと危惧している[1]．実際，別のある仏教系の大学でもそのような動きがあることを最近，個人的に耳にした．

　確かに，単純に計算すれば不平等ではあるかもしれないが，現実にはやはり対学生数以上に仏教系の教員は必要と考えられる．というのも，仏教系の教員は，仏教系の大学という性格上，大学の仕事そのものが他学科の教員に比べて多く割り当てられる場合がある上に，宗門の側での僧侶養成や講習会の講師などの仕事も相当数依頼があり，仕事の量としては現在の教員数でもかなり厳しい状態であるのに，さらに減員が行なわれれば，教育に時間を割く余裕が減少し，ひいては肝心の僧侶養成がおざなりになる可能性があるからである．

　また，教員の減少は学問自体の衰退を招きかねない．中でも各宗派の宗学は，基本的にその当該大学が研究の中心となる学問，もう少し端的にいえば他の大学では研究がなされ難い性格の学問であり，宗学を研究する教員の減少は，各宗にとっては一大事である．もちろん，学問は量ではなく質が大切ではあるが，やはりある程度の人数がいて教育や雑務を分担し合わないと，研究の時間そのものがなくなり，能力はあっても時間がなくて研究ができないという状況が発生し得る．

　それはひいては後進の研究者育成にも悪影響を及ぼす．教育にも研究にも十分な時間がとれない者が優れた後進を育てることは困難だからである．

　よって，仏教学部・仏教学科の学生数がより減少してゆくことが予想される現状にあって，仏教系教員の人数確保をどのように一般教員にも納得していただき，教員数の維持をしてゆくかは，後者の大学においては大きな課題となるであろう．

大学における僧侶養成課程の学生数とその質の問題

　今述べたように，私は仏教系教員の数を単純に学生数に対応させるべきではないと考えるのであるが，しかしながらそうはいっても，学生数が極端に減少

すればやはり教員を減員せざるをえないのも事実である．実は最近の傾向として，少なくとも浄土宗の場合，佛教大学・大正大学という宗門大学で僧侶資格を取得する者の相対数が低下してきているのである．浄土宗の僧侶になるには宗門大学で加行資格を得るコース（別科・通信教育も含む）と宗門大学とは無関係に宗が主催する養成講座（ただし講師の多くは宗門大学関係の教員が担当）を受講して加行資格を取得するコースとがあるが，私が加行をうけた20年ほど前は後者は全体の3分の1か4分の1程であったのではないかと記憶する．ところが最近は前者と後者の比率が接近しつつあり，少なくとも，別科・通信教育を除けば半々に近づきつつように思われるのである[2]．そしてこのような現象は，たぶん浄土宗のみならず，他の宗派でも起こっているのではなかろうか．

　それではなぜこのような現象が生じてきたかというならば，少なくとも最近に関しては，おそらく他の大学に入学しやすくなったからという理由があると考えられる．既に仕事を持っているから，自分の偏差値が宗門系の大学と大きく異なるから，宗門系大学では学べない分野をどうしても学びたいから，などの理由で宗門系大学での加行資格取得を選択しなかった場合は別として，そうでないケースにおいては，18歳人口が最多になっていた数年前までなら入学が困難であった有名校でも最近なら比較的簡単に入学できるようになったため，ネームヴァリューの少しでも高い大学に学生が流れているように見受けられるのである．

　もちろん，どの僧侶養成コースを選ぼうとこれは各人の自由であり，また養成講座でも本人の能力と師僧の十分な指導があれば立派な僧侶を養成することは可能であるが，問題は以上のような現象が宗門大学の存在意義を左右しかねない点にある．即ち，もう間もなくおとずれる大学全入時代にあっては，悪くすると，宗門大学において加行資格を取得する者の比率が全体の3割，或いは2割などになる可能性があり，そうなると，宗門大学は僧侶養成という点で存在意義があるのかという問題が生じてくることであろう．

　また，入学志願者数の減少は，宗門子弟の入試特別枠を設けている場合[3]実質的に無試験入試に近くなるため，当然ながら学生のレベルの低下を招く．そうすると，ある程度のレベル以上の学生は逆に今以上に宗門大学の僧侶養成コースを避けるようになろう．これはまさに悪循環である．もちろん，他の学

部・学科の学生との能力差もより広がることになる．

　もしそのようなことになれば，大学内の僧侶養成コースは，比率からして一部の教員がほんの一握りの学生を相手に開講している特殊なコースということになってしまう．確かに，僧侶養成を停止することは現実的には考えられないが，大学内における僧侶養成コースの重要性の低下，ひいては仏教に基づく教育理念そのものの低下はほぼ確実であろう．

　やはりそれを避けるには，大学としてより多くの宗門子弟が宗門大学へ入学してくれるように，カリキュラム・指導体制の充実を図るなどして努力する必要があるが，大学側の努力だけでは限界があるのも事実である．そこで大学側の努力と並んで，宗派の方としても，宗門大学の存在意義を評価して大学通学課程の僧侶養成コースを僧侶養成の中核と位置づけるのならば，大学に協力する形での制度改革等を考えてゆく必要があるのではなかろうか．その場合，単に1回生からの入学だけでなく，その他の関わり方も含めて検討すべきであろう．正規の通学生以外に，宗門大学と何らかの形で関わりをもつ学生を増やすだけでも少なからぬ効果はあると考える．

　なお，以上の見解はあくまで浄土宗の場合を念頭に置いて述べてきたが，恐らくある程度以上の規模の宗門大学ならどの宗派の大学であってもよく似た問題を抱えていることが推測される．実際，やはりある別の宗門大学の方も同じような問題点を話しておられた（ただし，このような問題がない宗派もあるが）．大学の生き残りと宗門大学としての特色との狭間で，今後，より難しい運営を迫られることであろう．

2　佛教大学通信教育部における僧侶養成

　以上，仏教系の大学における僧侶養成のあり方，及びその問題点について見てきたが，以下では仏教系大学の通学課程4年コース以外の僧侶養成の現状と問題点を見てゆこう．といっても，実は各大学において実情は相当に異なり，しかも私自身，未だそこまでは調査もしていないので，以降は主として浄土宗，それも私が所属する佛教大学の場合を見てゆくこととする．

　さて，佛教大学の場合，大学の正規課程での浄土宗教師資格（僧侶資格）取得は通学課程4年コース以外に，例えば他大学からの学部編入や大学院でも可

能であるが，これは基本的に通学課程4年コースと大差ない．必要な単位を取得し，また半年間道場生活（実際には週3日間の道場生活を12週間）を送るという必要条件はほぼ同じである．

少し異なるのは，通信教育部での僧侶養成である．このコースの利点は仕事を持っている場合，仕事と両立が可能なことであろう．しかしながら，問題は道場生活の短さといえる．夏休みに9日間を2度経験するだけである．これは僧侶養成のいくつのコースの中でも最短といえる．道場生活において僧侶の実践面の指導を行なうわけであるから，この期間が短いということは僧侶の実践面での指導が不十分にならざるを得ないということを意味する．

そもそも，このコースは寺院に生まれ，実践面での指導は自坊でかなりなされている者を主たる対象に想定して設けられたのかもしれない．しかしながら現実には，在家出身ながら仏教に興味を持ち，更に一歩進んで僧侶になろうと希望する中・高年の方が，その多くを占めている．このような方は，年齢およびその経歴からして，本来はより一層，実践の時間を必要とするといえよう[4]．ところが，このコースは今も述べたように，実践の時間が最も少ない．それ故，僧侶として必要な実践面での作法や知識を十分に持たれないまま，最終的な加行に入り，浄土宗教師となられるため，些か問題が生じているのも事実である．

ただ，このような方々の場合，一箇寺の住職となることを必ずしも希望せず，むしろ僧侶としての修行を積んでみたい，或いは僧侶となってみたいという方が多いようである．そのような思い自体は非常によいことのように考えられるので，できれば一箇寺の住職を目指す方とは別に，何らかの別の修行コースを設けるのがよいのではと思われる．

3　佛教大学別科（仏教専修）における僧侶養成

「学校教育法」第57条の「大学には専攻科及び別科を置くことができる」という規定に基づき，今から30年ほど前に，佛教大学に2年間全寮制で僧侶養成を行なうコースが設立された．ここでの僧侶養成の特色は，何といってもかつての僧堂生活に最も近い形で僧侶養成が行われていること，よってそれゆえ実践面での修練に非常に多くの時間を費やすことができる点である．また，一学年10人ほどの少人数制[5]に加え，24時間，指導員が生活を共にして指導を

行っているということもあり，非常にきめ細かな指導がなされている．よって，単なる僧侶としての実践面（法式）だけではなく，挨拶や礼儀，言葉遣いなどの指導も十分になされることとなる．

　また，実践面のみならず，知識面でも優れた効果を生んでいる．というのも別科のカリキュラムは全てが僧侶養成に直接かかわる科目で構成されており，しかも全寮制であるので，他のコースより十分な時間をとって授業が行われるため，僧侶になるためという観点からすると，最も効率的かつ十二分な教育がなされ得るからである．実際，佛教大学4回生の卒業前の学生と，後に述べる浄土宗主催の僧侶養成講座の全課程終了時の学生，及び別科2回生の終了前の学生に全く同じ仏教基礎テストを行なったところ，平均点は別科が最も高得点であった．

　このように，別科は浄土宗の中で最も実践・知識の両面において優れた教育がなされているといってよかろう．実は別科は18歳人口のピーク時には，佛教大学に入学できなかった学生の受け皿的な面も有していたため，一学年30名ほどの学生が在籍していたが，その後減り続け，大学全入時代が近づくにつれて，志願者がいずれなくなってしまうのではと懸念された．前述の如く佛教大学通学4年課程でも数年前から浄土宗教師資格取得希望者用の特別推薦入試を初め，別枠で入学選抜を行いだしたことや，18歳人口の減少にともない他の大学にも入りやすくなったことなどから，他のコースより断然厳しい別科にわざわざ入学を希望する者などいなくなるであろうと予測されたからである．ところが10名前後まで減って以降は，むしろ毎年ほぼその数を維持している．これはおそらく上述のような別科の素晴らしさが理解されているからに他ならないであろう．実際，別科の入試の面接の際に志望動機を尋ねると，やはり別科の教育面でのよさをあげる学生がかなりいる．

　ただ，別科に全く問題がないというわけでもない．先にも述べたように，別科のカリキュラムは僧侶養成の科目だけに限定されており，幅広い社会教養的科目が用意されていないので，実際に僧侶となった場合，この点が些か不安といえる．しかしながら，現実には新たにこのような科目を増やすことは難しく，逆に他の科目を削ってそのような科目を加えると，別科の長所が失われかねない．よって，別科を出た後，学生が自らの努力で社会的な幅広い知識を身につけていってもらうか，もしくは大学へ入学するなどして，更に自分を高めてゆ

くしか，今のところ方法はないようである[6]．

　ただ，そのような問題はあるにしても，やはり別科の僧侶養成は一歩，他を抜きんでているといえる．よって，本当は僧侶になる人は全員，別科のような所で修行を積むべきなのであろうが，それを強制すればますます僧侶を目指す人が減少してしまいかねない．僧侶養成のジレンマといえよう．

4　浄土宗主催の養成講座における僧侶養成

　これまでは大学，及びそれと関連する機関における僧侶養成のことを述べてきたが，以下では，それとは別に行われている浄土宗宗務庁主催の僧侶養成を紹介することとする．宗門系の大学に入学することなく僧侶の資格を取得するコースは，どの宗派でもおおよそ同様のものを設けているようであるが，浄土宗では現在のところ，取得できる僧階の違いによって主として「律師養成講座」と「少僧都養成講座」いった2つのコースが用意されている．前者は義務教育修了者以上の学力を有する者，後者は短大・大学入学者以上の学力を有する者がこれを受講することができる．いずれも夏休み期間中に3週間の道場生活を送り，朝昼晩の勤行の合間に教学や法式の講義を受ける．これを前者は2年，後者は3年に渡って受講する．前者の場合，受講生の基礎能力や期間の短さ，カリキュラムの過密さなどから，十分な僧侶養成が難しいという現実があるものの，後者に関しては，受講生の基礎能力の高さや前者に比べて時間的余裕があることなどからして，比較的良好な僧侶養成が行われていると考えられる．

　ただし，それでも問題がないわけではない．一つは3週間の養成講座の科目のうち1科目でも不合格になれば，翌年，全ての科目を再履修しなくてはならないことになるので，結局，採点が甘くなってしまうことである．即ち，十分に理解・達成されていなくとも，仕方なく合格としてしまうケースがあるということである．また，カリキュラムは初年度，2年目，3年目で一応の段階履修になっているが，それぞれの年度の中での授業科目の履修の順序には統一性がなく，系統的な学習が難しいという問題もある．

　実は平成18年度からは，以上の「律師養成講座」と「少僧都養成講座」が「宗侶養成道場」として一本化されるのであるが，それに伴い上述の問題点を

何とか解消すべく，改訂がなされるので，この問題に関する限りはかなりの改善が期待される．ただ，この新しく創設されるコースでは，原則的に「学修」と「行修」が分離され，知識面と実践面がそれぞれ別々に開講されることになっている．また，「学修」より「行修」により多くの時間が費やされる予定である．このような点が将来的によい方向へ向かうのか否か，今後の推移が注目されるところである．

5　浄土宗の僧侶養成全般に関する問題点

指導者と指導期間の問題

　僧侶養成には人手と時間，体系的でかつ効率的な養成システム，そして何よりも僧侶になろうという学生・受講者側の意欲が大切となろう．ところがこれを十分に満たすことはなかなか困難な面がある．

　まず，人手に関していうならば，講師や指導員は現実には誰もが成りえるという訳ではないので，やはり高いレベルでの指導を行なうには，組織的な講師・指導員の養成が必要となるであろう．

　養成の期間（年限）に関しては，もちろん長いにこしたことはないが，これはあまり長すぎると現実には僧侶を目指すこと自体を諦める学生がかなり出てくることが予測される．確かに，長期の修行をも苦としない熱意と資質ある者のみを僧侶として育てるべきである，宗派全体の規模を気にすべきでないという意見もあろうが，檀家制度が未だ厳然として存在する中にあっては，僧侶数の減少はかなり現実的な問題を生ずる可能性がある．また，講師・指導員も自坊を持っている以上，僧侶養成のみにかかりきりになることもできない．よって，時間に関しては，可能な限りで最大限という以外にないように思われる．ただ，社会状況が変わってくれば，この考え方も変更を余儀なくされることもありえよう．

養成システム（カリキュラム）の問題

　養成システムについては実践面と知識面で些か事情が異なる．まず，実践面の問題は入学・入行時点でお経も唱えたことがほとんどないとか，時には全くないという学生が存在することである．限られた時間で多くのことを学ばなく

てはならないことを考えると，入学・入行時点でせめて最も基礎的な「日常勤行式」くらいは読誦できていることが望ましい．師僧なしに入学・入行が認められないことを考えると，その程度の指導は師僧の責務ということになろう．ただ，この問題に関してはかなり意識されつつあり，宗務庁主催の養成講座では実践面で最低限のハードルをクリアしているかどうかを確認する入行試験が行なわれるようになったし，佛教大学の場合も推薦入学者に関しては実践面の入学前教育を行なうようになった．

　一方，知識面に関しては，入学・入行時点でほとんど何も知らない者ばかりであるので，全員，一から教えてゆかざるをえないのであるが，その際何をどれだけ，どの順番で教えるかというシステマチックなカリキュラム作りが重要となる．これまでも一応，僧侶となるための必要科目が決められてはいたものの，その授業内容は担当の講師に一任され，時には必要十分な知識伝達がなされていないケースも見られた．また，段階履修についても十分とはいえなかった．この度の宗務庁の改革案ではこの点がかなり意識された改革になっているが，これを今後どの点まで，浄土宗全体の宗侶養成に波及してゆけるかが問題となろう．実際，現実には仏教や宗派の教えについて驚くほど何も知らないまま卒業してゆく学生が相当数存在する．単位さえ取ってしまえば，後には何も残っていないという学生が多い．

　このような現実を考えた場合，私はやはり宗務庁が基礎知識確認テストのようなものを創設して，どのコースで勉強しても，この試験の合格が僧侶になるための最後の関門となるようにしてはどうかと考えている．そうすれば学生の方も意欲的に勉強するようになるであろうし，また不合格者が多いコースにはそのコースの指導方法等に問題があることになるので，問題の発見と改善がなされやすいという利点があろう．

　なお，この他，カリキュラム上の問題として，現実的な問題を扱う科目が少ないという点が指摘できる．実践系以外の科目は，その大半が江戸時代の僧侶養成の伝統を受け継ぐものといえる．もちろん，これらの科目はいずれも仏教学や宗学の基礎的な事柄をその内容としており，必要欠くべからざる科目ばかりである．しかしながら，実際に僧侶となった場合，直接的に必要となる事柄で，しかも従前の科目では扱いにくいような事柄も存在する．そのいくつかはこの度の宗務庁のカリキュラム改訂である程度そこに組み込まれることとなっ

たが，税務の問題や看取りの問題，檀信徒から人生相談を受けた場合の対応など，できればその基礎知識だけでも得ることができるような科目があれば，よりよいであろう．

また，実践（法式）と知識（教学）の中間的な事柄を，どの科目で教えるかも明確に決めておいた方がよいと考えられる．意外とこのような両者の狭間的な知識が，僧侶となった場合，必要になってくるものであるが，実際には抜け落ちているケースが少なくないからである．

入学・入行者の意欲・意識の問題

さて，最後に学生・受講者の意識の問題についてであるが，僧侶になろうという意識の低いままで，入学・入行する者が多いとことを問題視する声が少なくない．特に寺院で生まれ育った子弟の場合，現実には師僧（親）の意向で仕方なしに，もしくは特に何も考えることなく僧侶養成コースに入学・入行してくる学生が少なくないという現実がある．そのような問題提起を受けて，今回の宗務庁の改訂でも，宗務庁主催の「宗侶養成道場」ではまず僧侶となる意識の確立を冒頭で行なうべきということになった．私もその点には大賛成ではあるが，ただ，実際それだけを行っても，それで受講者全員に大きな意識改革がもたらされるとは限らないであろう．私は結局，どのコースであれ，授業や実践を通して意欲を高めるような講義・指導を行なうのが最も現実的であると考える．実際，意欲を持って入学・入行してきても，意外とその後は意欲を失う学生がいるかと思えば，入学・入行の時は全く意欲がなくとも，授業や指導・実践を通して，相当に意識レベルが向上する学生もいる．意欲・意識の問題は，入学・入行時点もさることながら，その後の指導が大切なのではなかろうか[7]．

身体的・精神的問題，及び外国語での養成の問題

以上の一般的な問題の他に，身体的・精神的に何らかの問題がある場合，どこまでの範囲を僧侶養成課程に受け入れるかという問題も最近意識されるようになってきた．宗務庁においてもこの問題が議論されていると聞く．浄土宗の教えはいかなる人も阿弥陀仏の救いから排除することはないのであるが，教えを伝え，人々を導く「能化」としては，やはりある程度の条件が必要であろう．

例えば身体的問題についていうならば，聾唖の方の場合などがあげられる．

まず，養成課程でこのような方を受け入れる体制を整えなくてはならないが，それが可能かどうかという問題．また，たとえ養成課程を終えても，一箇寺の住職として，檀信徒の了解を得て，スムーズに法務や布教活動ができるかという問題もある．

　また，より一層難しいのが，精神的な問題を抱えた方の場合である．精神的な問題の場合，見た目ですぐにわかるというものではないからである（見た目ですぐにわかるほどの重度であれば，これはむしろ判断しやすい）．誰でも受け入れて，無理やり僧侶資格を認めたとしたなら，今度は檀信徒側からなぜこのような者を僧侶として認めたのかというクレームも付きかねない．精神的な問題を抱えた学生の場合は，集団生活ができなかったり，その他の色々な理由から，実際には途中でやめてゆく場合が多いのであるが，それでもどこまで認めるかは，本当に判断が難しいであろう．

　とはいえ，やはり将来的には身体的・精神的問題に関して，浄土宗としてのガイドラインを作成しなければならないのは確かといえる．ただし，本当により問題なのは，肉体的にも精神的にも支障はなく，僧侶になる意志もあるが，僧侶・寺院を経済的な面からしか把えていない者かもしれない．これなどは現実的にチェック不可能であるので，余計に厄介である．

　なお，海外開教区の僧侶の子弟，及び信者が浄土宗僧侶になろうとした場合，日本語の問題が大きく立ちはだかっている．彼らが現地で活動する際，現実には日本語は必要ないにもかかわらず，現在のところ僧侶資格を取るためにはどうしても日本語を覚えなくてはならないのである．海外開教を続けてゆくのなら，やはり現地の言葉（浄土宗の場合，実際には英語とポルトガル語）で僧侶養成ができるよう，体制作りを進めることは急務と考えられる．宗派によってはこの体制が整っている場合もあるのであるから，不可能ではなかろう．

僧侶の再教育

　最後に，これは僧侶養成そのものではないが，宗務庁で現在検討されている僧侶の再教育の問題を見ておこう．教学上の問題に関する最新情報，及び移り変わりの激しい現代社会の諸問題に僧侶としてどう対応してゆくかという問題は，初期教育だけでは不十分もしくは不可能といえよう．また，現実に僧侶となれば直面する問題も色々と生じてくる．そこでそれらの新たな情報を伝え，

同時に僧侶としての自覚・責務・布教伝道の意欲を再確認いただくため，定期的に研修の機会を設けるべきという意見が出されており，私もそれには賛成である．ただ，これは自主参加ではあまり意味がない．やはりそれらの新たな問題について知識の修得と僧侶としての意識の再確認は浄土宗教師資格を持つ者の責務として，全員参加の形式が望ましいであろう．具体的には10年ごと，もしくは20年ごとに講習会参加を義務づけるなどの案が検討されているようである．

おわりに

以上述べてきたように，浄土宗においても僧侶養成は少しずつ改革を行っているものの，逆に新たな問題が発生してきたり，また改革を行っても十分でなかったり，まだまだ改善の余地はあると思われる．

私は今後，僧侶養成のあり方を考える場合，それぞれのコース毎の修了者の中から無作為抽出を行って，その人達がどのような活動をされているか追跡調査を行ったり，また公聴会を設けて現場の指導者や養成コース終了者，一般僧侶や檀信徒にも意見を聞くなど，リサーチをもっと行なうべきではないかと考える．また，他宗やら他宗教の養成システムについての調査もよかろう．これまでの僧侶養成にはこのような視点が欠けていた．上からの一方的な養成であり，改革であったのではなかろうか．

いずれにせよ，改革そのものはそう頻繁に行えないし，また行なうべきではないが[8]，常時，このような調査を継続し，ある程度具体的な問題点が蓄積され，明確化したときには，敢然として改革を行ってゆく必要があると考える．

付記　本稿のうち，第2章は既に第18回国際仏教文化学術会議〈発表要旨〉『仏教と大学——21世紀における展望と課題——』（佛教大学発行，2003年10月）に掲載された拙稿「仏教系大学における教育——宗門子弟／一般学生——」の前半部分を一部改訂の上，転載した．転載を許可いただいた関係各位に御礼を申し上げる次第である．

1)　佛教大学では平成16年度より大幅な学部・学科の改編が行われ，仏教学科・史

学科・国語国文学科が統合され，人文学科（浄土・仏教，仏教芸術，日本史，アジア史，地域文化，日本語日本文学という6つのコースから成る）となった．旧仏教学科の場合，実質的に一学年150名ほどの学生が在学していたが，この内，浄土宗教師資格希望者は50名ほどであった．残りの100名ほどは，特に強く仏教を勉強したいわけではないが，偏差値などの関係で仏教学科へ入学したという者が大半といえる（もちろん，仏教に拒絶感を持つような者は入学はしてこないが）．人文学科の場合，入学者は自由にコースを選べるため，仏教関係の浄土・仏教コースと仏教芸術コースを選択してくる学生は，結局，その浄土宗教師資格希望者の50名程と，仏教僧侶は目指さないが仏教に興味のある数名の合わせて60名強ほどと考えられる．そうすると，単純計算するならこれまでの教員数の2分の1から3分の1ほどの教員でよいということになり，これまでより一層，仏教系の教員が多すぎるのではないかという意見が出てくることが考えられる．
2) ただし，佛教大学の場合，なぜかこのところ僧侶養成課程で学ぶ学生数は下げ止まりで，今のところ，佛教大学の通信教育課程・別科を除くと，大正大学・佛教大学出身者と他大学に在籍して養成講座で資格取得を目指す養成講座組との比率には大きな経年変化は見られないようである．
3) 佛教大学の場合，数年前から浄土宗教師資格取得希望者むけに特別枠を設け，特別推薦入試を行っている．この入試の定員はもともと50名であったが，今は35名である．
4) 個人差はあるが，概して実践系は若い人の方が修得が早い．また，実は知識の習得に関しても，中・高年の方は意欲の高さの割りには理解度が低い場合がみられる．
5) 定員は一応，一学年40人となっているが，最近の入学者は10名前後，多くて20名ほどである．
6) ところが，別科で取得した単位は，大学へ入学した時，たとえ同一科目名（同一内容）の授業であっても既修得単位として認定されないので，編入ができず，1回生として入学するより方法がない．この点が別科から大学への進学の妨げの一つとなっていると考えられる．この点はできれば改善されるべきであろう．
7) なお，本来は僧侶になろうという意欲・意識の低い者は，入学・入行を認めるべきではなく，自発的にそれを意識した時にこそを認めるべきという意見もある．しかしながら，その意欲・意識の有無・強弱を判断することは非常に難しい．加えて，資格を取る前に他に仕事を持ってしまった場合や師僧である親が亡くなって急いで跡を継がなくてはならないといった場合，やはりどのコースでも資格取得までには最低丸2年はかかるわけであるから，とりあえず資格だけでも早く取っておこう，もしくは取っておいてほしいという希望が強いのも現状である．檀信徒側にもできれば檀那寺の子息に跡を継いでほしいという希望は強い．そこで以上のような現実を考慮した場合，実際には意識の低い学生・受講者を受け入れざるをえず，その場合，結局は養成課程での意欲の掘り起こし，意識の改革を目指してゆくしかないということになろう．
8) あまり頻繁に行なうと，特に指導者側に混乱を招き，好ましくないと思われる．

宗教者の養成と社会福祉
―― 神社神道との関わりから ――

藤本頼生

はじめに

　現在，1998（平成 10）年より施行された特定非営利法人促進法，いわゆる NPO 法により，環境や福祉，芸術など特定の目的に特化したボランティア団体が多く設立され，法人格を取得して，それぞれの地域において市民活動が行なわれている．また近年の市民活動では，「町並み保存」，「歴史的建物再生」「環境保存」あるいは「まちづくり」といった自らのコミュニティ，まちづくりに関わるものが多く，現在，日本全国で町並み保存に関する団体が 200 以上，NPO 法人のうちの約 8 割が「まちづくり」に関係するものであることが知られている．こうした状況は人々が自らの住む場所に何らかの愛着をもち，心の拠り所を求めている証左でもあるといえよう．

　さらには 2002（平成 14）年より施行された介護保険法により，各市町村の介護福祉施策について住民の主体的な参加が求められることとなった．これらは，今後いわゆる町内会や自治会という地域社会における相互扶助的な役割を果たしてきた組織においてもその活動の転換や変更を及ぼすものと見られており，祭りなどをはじめ神社の諸行事などに主体的に関わってきた町内会や自治会などの組織のあり方にも少なからず影響を及ぼすことが考えられる．さらには介護福祉計画と同様に市町村が住民参加をもとに策定する地域福祉計画，はたまた「まちづくり 100 人委員会」などの都市計画のマスタープラン策定のための委員会などは，高齢者，子どもたちを含め，自らあるべき「まち」の姿を求めようとする動きの一つである．

　こうした福祉やまちづくりに関する動きに対して，地域住民の結びつきの一つとして公共性を重んじてきた神社，そしてそこに携わる神職はいかなる活動

を行なってきたのか，またいかなる社会参加，社会貢献活動を行なってきたのかという点についてはこれまで若干の言及を除いては取り上げられてこなかった．本稿ではこの点を神職養成と教化活動をキーワードに神職の行なう社会活動と福祉との関わりという観点を踏まえながら，若干の考察を試みることにある．

1 神職養成・研修の面からみた社会福祉

　神社の神職として任用され，その後長きにわたって神明に奉仕する神職がその宗教者としての立場以外にどのような社会的位置，社会に対していかなる役割を担ってきたかという点については神職の資質向上という問題と密接に関わりを持つものであり，広くは宗教者としての資質と社会的立場の向上ということとも繋がるものである．しかし，この点については牟禮仁氏の指摘や，拙稿にて数値的なデータの考察から指摘した以外には，これまで神社界の内部組織的な調査が詳細に行なわれてきていないことなどもあって論及が殆どない[1]．そのため，神職の行なう社会活動と福祉との関わりについて述べる前に神職養成の課題について若干触れておかねばならないと考える．

　近年，神職養成（育成）における問題点としては，これまでにも前出牟禮氏が指摘しているところであり，本書第Ⅰ部のシンポジウム記録においてもあらためて松本丘氏が提示している．松本氏によれば，近年の問題点として①神職の資質向上という問題，②近年の神職数の横ばい傾向を如何に見るか，③神職数の地域格差と神職の速成要望，④神職後継者育成の問題，④神職資格取得数と奉職状況の推移，⑤女子神職養成と奉職問題という5点があり，これらに伴って神社本庁では近年養成課程，研修カリキュラムの見直し，階位（神職資格）授与課程の改変などが行なわれてきたとしている．

　しかしながら，戦後，人口の東京一極集中が進む中で都市と郊外における過疎，過密化という問題もあり，さらには産業構造の変化，それに伴う神社の経済的基盤の変化という問題や我が国の高度経済成長に伴う神職自身の専業，兼業（兼職）の有無という問題，別の職業に就いた神職子弟の資格取得の困難さなど，社会的環境の変化や神社界の内的・外的状況の変化に神社界自身がうまく対応しきれていないという状況にある[2]．

この点は前出の牟禮氏が指摘するように神職数の推移と神社数の推移を考察することにより若干ながら窺い知ることができる．また拙稿でも指摘したように社会福祉事業への神職の従事数の変化においても窺い知ることができる[3]．

　こうした内的，外的要因による社会状況の変化に対して，神社本庁では神職養成の面で神職の資格取得において，取得した資格によって一定期間の養成カリキュラムが設けられるとともに神職任用後の研修システムにおいて対応しようとしている．例えば神社本庁研修所での研修回数は年間 31 回，のべ 1,820 人が受講しており，地方神社庁研修所での研修に至っては 675 回，13,958 人（いずれも平成 16 年度『神社本庁研修所報』より）と一定のカリキュラムに基づいて神職としての素養，資質の向上，また生涯学習的な目的をも含んだ研修制度が整えられている[4]．

　また社会福祉に関する面での研修や養成という面に関していえば，一例として教誨師の場合，現任教誨師を対象にした研修会が毎年実施されており，さらには近年，養成研修会も行われていることから，司法福祉分野における一定の人材供給という面で成果を挙げているといえよう．しかしながら，保護司や民生委員・児童委員，調停委員や人権擁護委員などの養成，研修については，主として個々の人的資質や社会貢献，地域社会における個々の関係他に拠るところが大きく，単に養成のための研修などを重ねることをもってしてその地位につくことが難しい面がある．そのため，そうした研修会の開催はなく，数値的なデータの把握に留まっている．この点は課題点の一つであろう．

2　社会福祉活動に対する神社神道の教学・理念

　次に，神社神道における社会参加，社会貢献，その中で特に社会福祉活動に関わる活動を述べようとするならば，まずは神社本庁の教化活動の側面から見ていく必要があろう．

　私見ではあるが，神社界において福祉として，あまり意識してはいないにも関わらず，教化活動の中から福祉的活動に分類できるものは多々あると考える[5]．神社本庁では，かつて『神道と福祉』という冊子を発行しており，その冊子の中においては，平井直房氏が，庄本光政氏の著した『神道教化概説』を資料に，神社本庁の社会福祉活動を教化的な側面から論じているが，なお検討

の余地があると考える．これらの意義及び理念はいかなる所にあるのか，その点については前出の庄本氏の書の中で次のように示されている．引用が長くなるが紹介しておこう．

はしがき（庄本光政「神道教化概説」昭和34年9月　神社新報社）
　一，神道教化概説は，神職の教化活動の進行に伴って，教化活動の指導上の必要から昭和31年神職の必修学目として新設した科目である．
　ここでいふ教化活動とは神社神道の宣布活動及びそれにつながる教育活動，社会福祉活動等一切の社会活動を指すものである．（傍点筆者）
『改訂・神道教化概説』（庄本光政・渋川謙一）平成6年（第五版），神社新報社
　対社会活動　四，社会福祉事業
　神職が社会福祉事業に関与する部面は，その職が地域に密接しているだけに多い．現在は民生委員として生活保護関係に活躍している人が最も多い．生活保護法に基く生活保護のみでなく，高齢者保護その他一般的に社会的保護を要する地域内の人を発見，調査し，それぞれの施設に紹介，斡旋するなり，相談にのるなり，大変なボランティアであるが神職といふ職業上，地域と密着してをり，氏子としての永年の付合ひが多い人々が対象となるだけに親切な努力が望まれる．
　殊に最近，在宅福祉といふことが提唱されて来た．これは前記社会福祉六法などをみても対象者の貧困を救ひ，また施設に収容するといふことが中心的に考へられてゐるのに対して，自らの住宅にあって福祉が保障されるやうな方策が望ましいとする考へである．高齢化社会が進むにつれて在宅福祉が望まれて来るが，さうなると神職の奉仕を続けながらさうした拡大された在宅福祉にまでは手が廻り兼ねる場合も出て来よう．やはり，専門の社会福祉士，或は介護福祉士といった人々の充実をまって，神職としては対象者の発見，調査，相談相手といった面での担当とならう．
　神社界の社会福祉施設としては，境内地を利用した児童遊園，保育所，児童館などがある．民生委員の神職が児童委員を兼ねてゐる関係か，本来，境内地には氏子の子供たちを集わせる性格を持つためか，いづれにせよ元気な子供の声が境内から聞えて来ることは好ましいことで，もちろんその

際，境内を荒らさないやう注意するのは児童教化の一つであらう．

　さて社会福祉事業をみて来る時，その土地についた神職といふものの果たすべき任務が極めて多いと思はれる．ただ単に社会的弱者（老人，母子家庭，身体障害者等）を公的施設に収容すれば良いとか，福祉手当てをあげればよいといふことが社会福祉であってはならない．心の慰め，拠り所となってあげることが大切だと思はれる．殊に一人暮らしの老人だとか，ホスピス（死期を予想される老人の収容問題）などについても考へる必要が多くなって来てゐる．

　そこで前述したやうな在宅福祉といふことが叫ばれ出した．（中略）

　いづれにしても社会福祉事業は，困難の多い，しかも必ずしも報はれない仕事ではあるが，神社の所在地から離れられぬ神職としては，その氏子の上を常に見守って行かねばならぬといふ使命がある．幸ひ最近，社会福祉事業に関係してゐる神職の全国的連繁を図らうといふ企てがあることも聞いてゐる．この事業も段々専門的知識を要するやうになって来たやうである．さうした動きの中から後継者の養成も行へれば幸甚である．

　さて一般的社会福祉事業とは異なるが，戦後神社界が参加した事業の一つが，矯正保護関係事業である．（中略）

　神社本庁教誨師は既に四十年の歴史を経たとはいへ，西本願寺派の僧侶などに比すれば，その経験は極めて浅いので毎年神社本庁教誨師会を開き研究を続けてゐる．（中略）

　保護司もまた，地域に密接した人格者を必要してゐるため，神職が委嘱されてゐる例が少なくない．民生委員などと同様，神職の保護司が相集ひて一つの組織を持ちたいとの希望が近年興ってゐる．地味な仕事であるが，神職の奉仕活動として注目してよい．

　筆者はかつて両書から庄本，渋川両氏の示した神社本庁の関わる福祉的活動について整理を試みたが[6]，これを掲げると
　①教誨師による活動
　②保護司による活動
　③篤志面接員による活動
　④民生委員による活動

表1　神道に関わる福祉活動の類別

活動の名称	類別	主体・客体	個人か団体か	宗教・信仰・社会共同性の有無	性格	専門性の有無
① 教誨師	更生・教化	主体(神職)	個人	宗教・信仰	更生事業(ケア・ワーク)	専門
② 保護司	更生・教化	主体(神職)	個人	宗教・信仰	更生事業(ケア・ワーク)	専門
③ 篤志面接委員	更生・教化	主体(神職)	個人	宗教・信仰	更生事業(ケア・ワーク)	専門
④ 民生委員・児童委員	社会的	主体(神職)	個人	宗教・信仰 社会共同性	社会福祉・地域福祉	専門
⑤ 人権擁護委員	社会的	主体(神職)	個人	宗教・信仰 社会共同性	社会福祉・地域福祉	専門
⑥ 調停委員	社会的	主体(神職)	個人	宗教・信仰 社会共同性	社会福祉・地域福祉	専門
⑦ 神社が関わるまたは持ちうる団体の活動(総代会・敬神婦人会・氏子青年会など)	社会的・教化	客体(神社)	団体	社会共同性	地域福祉(コミュニティーワーク)	非専門
⑧ 神社が持ちうる施設を通じての活動(保育園・病院・養護施設経営など)	社会的・教化	客体(神社)	団体	社会共同性	社会福祉・地域福祉・介護・医療福祉等	専門
⑨ 市民ボランティア系活動(個人的な活動,団体の活動)	社会的	客体(神社)	団体	社会共同性	地域福祉(コミュニティーワーク)	非専門
⑩ 社会福祉協議会等において,直接社会福祉事業に従事する兼務神職の活動	社会的	主体(神職)	個人	社会共同性	社会福祉・地域福祉・介護・医療福祉等	専門

宗教と福祉研究会(1999)

　⑤人権擁護委員,調停委員による活動
　⑥神社に関わる団体の活動（総代会,敬神婦人会,氏子青年会,ボーイスカウトなど）
　⑦神社が持ちうる施設を通じての活動（神社保育,病院や養護施設の経営,など）
　⑧社会福祉協議会等において,直接社会福祉事業に従事する兼務神職の活動
　⑨その他のボランティア系活動
の9項目にまとめることができる（表1参照）．
　①～③はいわゆる更生保護事業といわれるものであり,神社本庁設立時から,直接的になされてきた司法福祉分野での活動といえるが,その対象者は限られている[7]．

④〜⑤は地域社会の中で，神職が社会的な役割を直接的に果たしているものであるが，前述したように神社本庁では現在，民生委員はデータ的なものの把握にとどまっている[8]．地域社会の中でも青少年問題や障害者問題，老人福祉の問題を始め，さまざまな課題が噴出する中，神職にとっては大いに活動の場が存在しているといえよう．

⑥⑦はいわゆる既成の団体の活動である．他の宗教団体と比較すれば，神社本庁では，6つの指定団体（全国敬神婦人連合会・神道青年全国協議会・全国神社関係保育団体連合会・全国教育関係神職協議会・全国神社スカウト協議会・全国氏子青年協議会）という，全国的な組織を持っており，この団体が大震災などの災害時には，全国的なボランティア組織や募財活動の中心組織に変貌する．これらの全国的な組織を持つことの重要性は大きい[9]．

⑧は，実際に専門職として社会福祉活動に従事する場合のことである．これらの活動は，直接的な宗教活動を行なえば，無論，政教分離という問題をも含みうるが[10]，実際に社会福祉関係に携わっている兼務神職の活動は地域における福祉，コミュニティーワークという問題を考えれば，非常に重要である．今後の実態をもっと把握すべきであるといえる[11]．

⑨は近年関心の高い分野であるが，①〜⑧に属さない活動である．最近では，神社を中心にして，環境問題等をキーワードに人々に呼びかけ，組織体をつくり，実際にボランティア活動を展開しているところもある[12]．

3　「福祉文化」と「地域福祉」

本節では，近年「福祉文化」という言葉に象徴されるように，文化的な側面，民俗の側面から福祉について研究が進められており[13]，この点について神道との関わりから若干述べておきたい．

　福祉という言葉は英語で「welfare」という語で表されるように人々が幸せを享受することを表す言葉であり，「福」も「祉」もともに幸せを示す語である．最近では「well-being」という言葉でも示されるように福祉はすべての人々にとって「満たされた状態」であることを理念・目的とする語でもある．同義的に使われる社会福祉 social-welfare については，法制度や諸施策，活動などの実態概念を指す場合に用いられている．神道と福祉との関わりについて

は，その関連が少ないように捉えがちであるが，むしろ私たちが日常生活を送る上で経済や物質的な面ではなく質的な面，つまり心の豊かさへの希求という面，つまり「福祉文化」という側面に着目すれば[14]，その関わりはむしろ活発といえる．神社境内のバリアフリーをはじめ，保育園経営や医療施設，障害者や経済的弱者への施しといった面だけが注目されがちな中で，こうした結果として現れる側面だけを福祉として捉えるならば，福祉というものの本質，福祉が持つ「教化」的な側面を大きく見逃してしまうことにもなりかねない．地域を基盤とした福祉を考える上で，また地域振興の起爆剤となるものは日常的な文化活動，つまり神社を中心とした祭礼行事がその一つであることはいうまでもなく，地域の伝統文化の継承が人々の心の結びつきや新たな地域の絆を確認させるものとなっている[15]．

　例えば，島根県の西部，山間部に位置する金城町では，地域の伝統文化である石見神楽を生かした町づくりがなされており，その社中の中には現在では障害者施設「桑の木園」の園生，職員が構成する社中がある．従前は施設を訪問した石見神楽を見物するだけであった園生らが神楽を教わり舞うようになったことで，今では社中の仲間入りを果たし，各地で公演を行なうようになった．さらには神楽面や衣装などの道具の製作販売を行なう授産施設も開設され，伝統産業の継承や地域の人々の就労ニーズを適えた上に，人的交流にも一役かっており，まさに心の豊かさの希求，伝統文化から「福祉文化」が花開いた様を示す一例といえる[16]．わが国では戦後，福祉領域への宗教文化的な伝統との関わりを遠ざけるような方向性がとられてきた経緯もあり，そうしたものを乗り越えながら福祉のみならず環境問題などでNPO組織を立ち上げて専門的に活動されている神職も多数おり，神社や神職にとってまさに「地域福祉」への関わり[17]，つまり地域活動への積極的な取組みが今後の課題として挙げられると考える．

4　神社界の福祉活動の歴史

　次に戦後60年を経て，神社本庁が社会奉仕活動，社会福祉事業に対して，これまで，いかなる教学的理念のもとに活動を進めてきたかということについて，歴史的な経緯を概観しておきたい．

近代における社会事業史の端緒としては，明治18年に高瀬眞卿が現在の児童自立支援施設（旧教護院）にあたる感化院を「神宮教院感化院」（東京感化院の前身）という名称で創立，運営した事実があり，その前年には教派神道の一つである神道大成教の教師の池上雪枝が大阪において日本初の感化院を創立している．また明治41年には当時の内務省が進めた感化救済事業の第1回講習会が國學院大学で行なわれるなど，こうした歴史的事実は宗教史だけでなく，民間社会事業史の上からも注目すべきものがある[18]．
　しかしながら，近代では神道と福祉活動（社会事業）の関係についてはあまり意識されておらず，むしろ戦後の昭和21年に神社本庁が設立してから，教化活動との関わりから社会福祉事業を主体的・組織的に行なうようになったといえる．当初は他宗教などが積極的に福祉的活動を行なっていることもあって，保育園など福祉施設の建設や保護師ならびに教誨師など，人材の養成などにも積極的に取り組んでいたがその後，時局的な問題への取り組みが大きなウエイトを占めることとなり，現在に至っている[19]．しかしながら，福祉活動への取り組みについては，前出庄本の『神道教化概説』に神社界の福祉活動への方向性と内容が明確に示されており，福祉活動については「郷土の発展を期し民生の安定を念じ，万人のための幸福を希ふ神社が，その社会活動の一分野としてこの方面に寄与すべきことは当然」としており[20]，この点については，少子高齢化が進む現在，福祉分野のニーズが高まることが今後さらに進むことが考えられることから，大きな発展が期待されているといえる．
　神道教化という立場からは，社会活動，社会参加の一分野として，神社に勤める神職が社会福祉事業に主体的に関わることが一つのあり方とされる中で，神社本庁が平成16年12月に調査した「福祉事業兼任神職数」によれば，民生委員が408名，保護司が446名，篤志面接委員17名，調停委員69名，人権擁護委員85名，教誨師が128名，また「福祉事業経営実施件数」によれば保育所が98ヶ所や幼稚園96箇所であり[21]，他の宗教と比べ決して多いとはいえないことは事実である．これは神社本庁自体が戦後発足した宗教団体であり，戦前期にその萌芽はみられるものの[22]，ほぼゼロの状態から福祉活動への取り組みを出発したことも大きな要因である[23]．しかし，これ以外にも現在では，神職や神社が社会福祉施設などに従事，経営など，社会福祉の現場に直接関わっているケースや神社関係団体の活動，ボランティア系の活動なども多数あり，

広範囲に及ぶ対社会活動の中から福祉活動へのアプローチが進められる環境にあるものと考える．またこれらの活動を「教化」という領域として捉えるのではなく，その特色や独自性などを考慮しながら前述した「福祉文化」という視点で改めて問い直すことも地域を基盤とした福祉，神社を中心とした地域の活性化を考える上で重要であると考える．

5　地域力の再生と神職の役割

　前節においては，特に戦後の神社界の福祉活動について若干触れたが，神職の社会参加の問題に関係して，現代社会における「神道」，「神社」とはいったいどのような存在であり，どのような宗教的な役割を持つのかということについてまずは考えておかなければならないだろう．この点については櫻井治男が，
　　…特別な宗教生活を行なうとか，ある教義に基づいた倫理生活を実践するというのではなく，お互いの生活を理解し尊重し合いながら，平穏無事にそして創造的に暮らしていこうとする見えざる意識に，意味づけと方向性とを日常生活の中で，そして日本という場において与えているのが神道の宗教的な役割といえます．そうした意識のつながりが神祭りという姿で表されている場が神社です．多くの神社が，鎮守の森と呼ばれるように，自然が大切にされ，それ自体を神のいます処として，人々は生活のなかに神の森の原風景を共有してきました．そして地域ごとに多彩に営まれる神社の祭りに，人と人とのつながりと，活力の源泉を見いだしてきました．それは，現在を有意義に生きる上で，根源的な聖なる世界へ集合的に回帰し，創造の原初を体験することで新たな生命力を得ることでしょう[24]．（「神道——多面的な価値を内包する聖なる箱——」『アエラ MOOK 宗教学がわかる』，1996）
　　…神社は，うるおいのある静かな空間のイメージで捉えられますが，そこには「鎮守の森」として親しまれるような自然への畏敬と結びついた環境的資源，祭りや地域の歴史に関わる文化的資源，そして神職・氏子・崇敬者の方々や関連の組織体（神青，氏青，敬婦など）という社会的資源があります．それらの資源を活用した働きがハード・ソフトの両面から期待されるところです．「憩いの場としての神社」から「社会活動に元気を与え

てくれる神社」へ，若者が中心となって活躍し，主体的に対社会的な活動を行える状況を整えることが，神社界には望まれているように思います[25]．
（「地域社会の神社・神職の活動に向けて」『神職のための教養』，2003）

と述べているように，鎮守の森を一つの媒介として，今日の社会での神職の役割は，専門的な司式者という面が際立っている中で，神職は氏子の日常生活での助言者であり，地域社会のコーディネーターとしての役割を期待されることも多いと推量している[26]．

また櫻井は地域所在の神社の神職としては，「氏子を代表して「お宮」にご奉仕する存在という立場とともに，積極的に地域社会へ出かける姿勢が大切になっているように思う」と述べている[27]．コーディネーターとファシリテーターとしての神職という点においては，かつては宮座などをはじめとして，祭りでのムラの長が集まっての諮りごとがある種「神はかり」ではないが，地域社会のニーズと意見調整の場でもあり，地域活動の中核としての機能を果たしていたことは否定できない．だからこそ，神職が伝統的に地域集団の代表として神社の祭祀，神祭りを行なうという性格を有してきたのであり，今日の社会での神職の役割は，専門職的な祭儀の司式者という面が際立っている中で，本来の氏子の日常生活での助言者でもある．ゆえに積極的に地域社会に参画してゆく姿勢が大切になってゆくと考える．

一方で，祭りの維持が町内会などで困難になり，NPOによって祭礼の維持を果たしたという例もある[28]．櫻井はこの点についても福祉や環境に関する活動以外にも祭礼という面で特にNPOとの連携をどのように図り祭礼を継続してゆくかということを取り上げ，地縁や社会縁だけで構成される祭祀組織とは違った，組織運営の手腕と困難さを指摘しており，こうした動きに神社がいかに向き合うか，新たな発想に期待するとしている[29]．

この点，筆者の考えでは神職がなすべき取り組みとして，まず基礎に，
　①神社における祭祀の厳修
がありその上で，
　②祭礼及び地域活動
　③神社立の教化関連団体とその活動
　④神職個人のもつ社会的役割・立場での活動
　⑤地域社会における社会貢献活動（いわゆるボランティア活動）

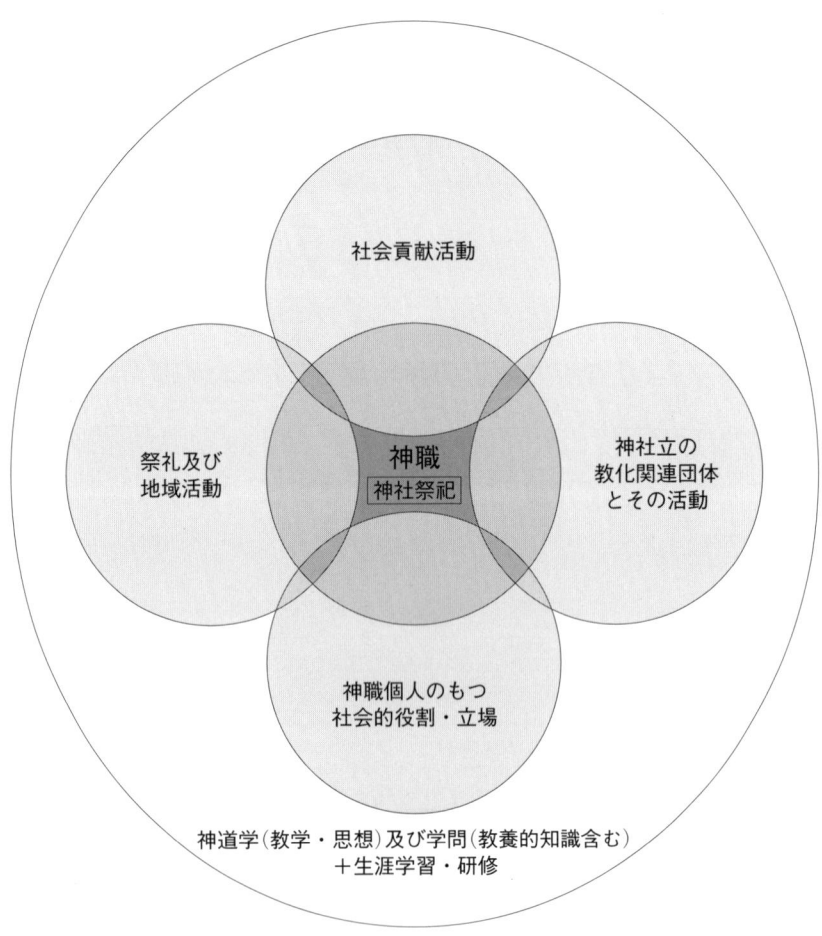

図1 神職の教化活動と社会参加の概念図

⑥ (①〜④を補完, 包含するする意味での) 神道学 (教学・思想) 及び学問 (教養的知識含む) ＋生涯学習・研修

が社会貢献活動に必要な要素・役割として分類できると考えており, この6点がそれぞれ間接的, 直接的に絡み合いながら, 地域社会における神職の社会貢献への取り組み, 活動がなされてゆくことが重要であると考える (図1参照). 今後はこうした多様なニーズや取り組みに対して, 現在, 神社本庁に所属の神社は神社本庁に所属する神職は約21,000人, 神社は79,065社, うち女子神職は2,678人という現状の中で実際にいかなる活動ができるのかという点も考え

てゆかかければならないだろう．

おわりに

　神社，神職が各地域の「福祉文化」の実現，つまり教化活動の実践の一つとして，福祉との関わりを構築してゆく上では，櫻井治男氏が述べているように神社は①自然的環境，②文化の伝承・創造環境，③人的・社会的組織環境の三点を内包している存在であり，この三点を主体，対象，方法，思想という社会福祉を構成する要素をうまく取り入れながら，地域社会と今一度深く結びついてゆくことが必要であると考える．また地域に住む人達がどのように社会的な結合を保ちながら，宗教という文化に関わり生活のニーズを満たそうとしているのか，その中で一体，神社・神職がどのような手助けができるのかということをあらためて問い直すことも必要であろう．特に都会など人口流動の激しい中で，地域共同体の中心として人と人との「つながり」を大事にしながら活動してきた，神職の教化活動や対社会的活動，また年中行事をはじめ日本人の道徳，慣習に密接に関連した神社の祭礼行事，神社を中心として神道的な価値観を互いに共有してゆくという教化活動の一つ一つが，個々の地域に果たしうる社会福祉活動，つまり「地域福祉」の一つとして，今後益々重要性を増してゆくものと考える．

1) 牟禮仁「神社界の統計資料 抄」『皇學館大学神道研究所紀要』第8輯，平成4年3月．同「神社界将来予測一端—神職数の推移から見た—」神道宗教学会第55回学術大会発表資料，平成13年12月．拙稿a「近現代における神社神道の社会福祉活動について」『神社本庁教学研究所紀要』第10号，平成17年3月．
2) 「神職（神社本庁）」『企業と人材』vol35 No.803 産労総合研究所 2002年11月．
3) 前掲牟禮「神社界の統計資料 抄」同「神社界将来予測一端—神職数の推移から見た—」ならびに前掲拙稿a．
4) 『神社本庁研修所報』平成17年6月1日，神社本庁研修所．
5) 祭典奉仕以外での活動において，神職が対社会的な活動として行なうものに民生委員児童委員，また教育委員や調停委員，人権擁護委員，公民館活動などがあげられる．近年では市民ボランティアの活動などに押されがちではあるが，本来神社のもつ活動自体がボランティア的性格を持つものであるといえよう．
6) 拙稿b「神道と福祉へのアプローチ——神社本庁の教化活動を中心として——」『皇學館大学神道研究所所報』第58号，平成12年2月．

7)　各宗教教団においては教誨師や保護司に関する活動はいわゆる更生事業として扱われ，教化活動の一環となっている団体が多い．司法福祉と呼ばれる分野がありながらも福祉活動とは一線を画しているといえよう．これについては拙稿 c「神道福祉研究ノート——宗教教誨と神社神道——」『神道宗教』第 183 号，平成 13 年 7 月において詳細に論じている．
8)　『月刊若木』(神社本庁発行) では年一回教化活動に関する統計調査が出ており，例えば，人権擁護委員を兼ねる神職は 85 名，調停委員を兼ねる神職は 69 名いる（平成 16 年末現在）．またこの数値の推移については拙稿 a にて分析し，論じている．
9)　天台宗では『一隅を照らす運動』などがあり，福祉的な活動を全国的な組織をもって行なうことができることは重要である．
10)　平成 11 年 10 月 21 日には箕面市が遺族会に支出した補助金に対する訴訟に合憲判決が出された．この判決では市の関連団体である社会福祉協議会，遺族会との関係や遺族会の活動が宗教活動かどうかという点が争われた．各遺族会と社会福祉協議会との関わりは深い．
11)　拙稿 a「近現代における神社神道の社会福祉活動について」参照．これらについては神社本庁でも全国的な統計調査などによる具体的な数値把握ができていない状況にあるが，今後地域福祉を考えてゆく場合，重要であると思われるため，把握，分析してゆく必要性が高まると思われる．
12)　一例であるが，茨城県五所駒瀧神社，櫻井崇宮司などが活動されてくる「千年の森の会」などが代表的な例として挙げられよう．櫻井崇「鎮守の森と青少年教化」『月刊若木』第 597 号，平成 11 年 6 月 1 日．
13)　福祉文化とは 1960 年代に神戸灘生活協同組合（現コープ神戸）に福祉文化委員会が設立され，これが「福祉文化」という表現の端緒とされている．「福祉」という言葉は広義に捉えれば，「幸福」「しあわせ」と同義である．だが，狭義にそして厳密に捉えるならば F・エンゲルスによると，「日常生活欲求の充足努力」ということである．つまり英語で言えば「Happy」よりも「Wellbeing」に近い言葉である．「福祉文化」とは造語で，「福祉の文化化と文化の福祉化を総合的に捉えた概念である」と日本福祉文化学会の会長である一番ケ瀬康子氏は定義づけている．近年では社会福祉基礎構造改革の「7 つの柱」の第 7 番目に「住民の積極的な参加による福祉の文化の創造」が挙げられ，「地域福祉」の推進の中で新たな方向性が導き出されている．地域福祉計画はコミュニティプランニングともいい，地域社会における住民の福祉の向上のため，行政や社会福祉協議会，住民などが必要な施策や事業・活動を総合的かつ計画的にすすめるもので，平成 12 年 6 月の社会福祉法（旧社会福祉事業法の改正）に伴い，平成 15 年 4 月以降，市町村には地域福祉計画，都道府県は地域福祉支援計画をそれぞれ策定する努力義務が法定化された．介護保険事業計画は市町村が保険者として介護保険を実施していくため，策定する行政計画．具体的には寝たきりや痴呆性など要介護高齢者などの実態の把握，現行のサービス利用者などの総合台帳を作成した上，地域住民の参加に基づいて策定するものである．
14)　「福祉文化」についての詳細は一番ケ瀬康子・河畠修・小林博・薗田碩哉編『福

祉文化論』,有斐閣ブックス　1997年,を参照されたい.
15) この点の参考となる論文としては,板井正斉「福祉文化と祭り──神道福祉研究の可能性──」『皇學館大学神道研究所紀要』第17輯,平成13年3月,がある.
16) 石見神楽と桑の木学園の活動については,板井正斉「神道と福祉のこれから──石見神楽の事例を通じて──」『神社新報』平成13年7月23日号.
17) 平成2年の福祉関係八法の改正により,わが国の社会福祉の思想と制度に全面的な転換が起こり,加えて平成12年4月からの介護保険法の施行,平成12年5月の社会福祉事業法の改正(介護保険事業計画の策定,地域福祉計画の策定など)により,利用者本位の制度として自らの選択によるサービス利用が可能となり,社会福祉法人以外にも福祉サービスの提供が可能となった.これにより,生活保護をはじめとする公費助成などの利用制度になじまない以外のものでは自治体は支援費支給を導入し,利用者と事業者が対等な立場にたってサービスを選択できる制度に移行することとなり,保健,医療,福祉サービスの総合的な提供と多様な事業者主体の参入による効率的で良質のサービス提供が確保されることになった.その一方で,福祉が金儲けの道具にされているとの批判も強い.
18) この感化救済事業の中心となった人物の一人に当時内務省神社局長であった井上友一がおり,近代の社会事業史を語る上では欠かせない人物の一人である.井上は地方局出身であり,当時欧州で流行した田園都市思想と二宮尊徳の報徳思想を軸に地方改良事業と感化救済事業に力を注いだが,その中の一つに近代の神社政策の中で大きな影響を及ぼした神社整理施策があり,その中心的役割を果たしたのも井上であった.両施策に影響を及ぼしたのが井上であるという点は森岡清美により若干の言及がある以外にこれまで取り上げられてこなかった.
19) この点については拙稿d「神社神道の福祉事業史──神社本庁の教化活動を中心として──」,『皇學館大学神道研究所紀要』第19輯,平成15年3月,並びに拙稿aを参照戴きたい.
20) 庄本光政『神道教化概説』,神社新報社,昭和34年9月,139～153頁.庄本光政は昭和27年～42年まで神社本庁教学部長を務め,その後,新潟県の彌彦神社の宮司を務めた.
21) いずれも『月刊若木』第666号(平成17年1月),第672号(平成17年6月)を参考とした.
22) 拙稿a148～149頁.一例としては,「神社中心児童教化事業の実際(一)～(六)」『皇國報』第561号～571号,昭和10年4月21日,5月1日,5月11日,6月21日,7月21日,8月1日,吉田茂「神職の社会的活動」『皇國報』第640号,昭和12年7月1日,などがある.
23) 櫻井治男a「神社神道と社会福祉」国際宗教研究所編『現代宗教2002』東京堂出版,2002年4月.251-264頁.
24) 櫻井治男b「神道──多面的な価値を内包する聖なる箱──」『アエラMOOK宗教学がわかる』朝日新聞社,1996年.
25) 櫻井治男c「地域社会の神社・神職の活動に向けて」『神職のための教養』三重県神社庁教化委員会,2003(平成15)年9月,41-56頁.
26) 前掲櫻井c.

27) 前掲櫻井 c.
28) 『京都新聞』2005（平成 17）年 10 月 14 日朝刊．湖国三大祭りの一つである大津祭の曳山巡行はこれまでは任意の団体であったが，平成 17 年から NPO 法人を取得した大津祭曳山連盟によって運営されることになった．400 年の伝統を持つ祭礼がこれまでは各町の自治会などが個々に運営にあたってきたが，町内の人口減少や高齢化などで年々負担が強まり，NPO 法人の指定を受け，祭りを活かした中心市街地の活性化策を訴えてゆくことにしている．
29) 前掲櫻井 c．以下，関連する文章の一部を掲げておく．

…地域福祉を担う組織として，NPO 活動などへの期待が寄せられていることも確かです．NPO の中には，かなり専門的な知識集団，行動集団として活動をされている団体もあり，福祉領域だけではなく，環境問題で活動する NPO を立ち上げている神職の方々もおられます．

こうした活動と，どのような連携が可能かということもこれから検討する必要があるように思います．地域の祭りの担い手が少なくなったので，NPO で継承しようという動きも見られます．そこでは，地縁や社会縁だけで構成される祭祀組織とは違った，祭り結合の組織が発生するかもしれません．こうした動きに神社がいかに向き合うか，新たな発想に期待したいところです．

地域社会に基礎を置いた神社の将来は，地域社会のニーズを先取りし，地域社会の「お宮」として近寄りやすい，親しみの持てる環境づくりにかかっているように思います．

立正佼成会学林教育の理念とその課題

篠崎友伸

はじめに

　学林は，昭和39年4月8日，時代感覚を身につけた実践的な宗教者をつくる大学院ともいえる子弟の教育機関として発足．顧問の先生としては，中央大学の小松春雄教授，前東京外語大教授の増谷文雄教授，駒澤大学の水野弘元教授で，研究生の3名にてスタートした．学林生は，大学を卒業した熱心な信仰者を毎年4月に採用．2年間にわたって政治・経済・法律・社会学などとともに徹底的な仏法の研究と修行を行なう目的で創設された．研究科は，昭和43年12月に本科に籍を置く者で，海外留学する者を対象として設置された．国内外の大学院等で専門的な分野で学び，将来学問的，国際的分野で活躍する人材の養成プログラムである．

　昭和45年4月1日学林は，布教本部教育課より独立．同時に学長制度が新設され初代学長に庭野浩一氏（現・日鑛会長）が就任．学林は3年制になる．また，昭和49年3月に学林の寮が養成館へ移転．

　学林は，本科・研究科・女子専修科（後に芳澍女学院に発展）・予科（光澍）へと分化発展して現在に至る．

　昭和49年8月22日に，高校卒業以上の女子を対象とした二年制の女子専修科が新設された．その教育理念は，女子専修科は，仏性を開顕したよき婦人であると同時に，将来の女性のリーダーとして教会で活躍できる人材で，かつ，明るい社会を築いていけるような人材をつくりあげる教育機関としてつくられた．

　昭和50年4月8日予科が新設される．予科は，首都圏の大学に通う大学生・大学院生を対象とし，寮生活を通して法華経の精神を行学二道にわたって

研鑽できる教育機関である．将来，信仰をもった社会のリーダーの人材育成を目標としている．（最近では，東京の養成館に毎年 15 名（女性が少し多い）ほど入寮している．

平成 6 年 4 月 7 日に女子専修科（20 期生が最後の期となる）は，芳澍女学院情報国際専門学校に生まれ変わった．入学者は毎年約 70 名．同年に海外の青年信者に対して，2 年制の海外修養科も発足，毎年 5 名ほど採用している．平成 16 年 4 月　関西光澍館にて，大阪周辺の大学生を対象として光澍大学科関西光澍生 1 期生が入林（毎年 10 名ほど入寮）．同年本科新コース（2 年制）に改編，採用人数は毎年 10 名ほどで，3 コース（布教研修コース，語学研修コース，および，専門研究コース）に細分化された．専門研究コースは，外部の大学院博士課程または，研究所にて研究員になりうる人材を対象とする．また，同年，光澍科通信課程教育（大学・大学院生を対象）が始まるが，少人数である．

各科の卒林生に関しては，以下の通りである．本科卒業生は，主に教団に奉職し本部や教会長として活躍している．現在，全教会長 245 名の内，本科卒業生は 35 パーセントを占めている．（女性一名以外はすべて男性）．専修科卒業生は，各教会において，教会のリーダーとして多くの方が信仰活動をしている．また，予科の卒業生は，半数ほどは教会のリーダーをしながら社会で活躍している．

平成 17 年 4 月現在の卒業生総数は，1,691 名であるが，その内，本科卒業生数は 312 名（その内女性は 30 名）で，研究科卒業生は約 30 名である．その内，博士の学位を得た者は 4 名である．その他，予科・光澍卒業生は 209 名，専修科卒業生は 459 名，芳澍女学院卒業生は 679 名，そして，海外修養科卒業生は 34 名である．

1　学林建学の基本理念

学林建学の基本理念は，開祖庭野日敬(にっきょう)のご法話（昭和 39 年 1 月の『躍進』年頭ご法話「世界の佼成会たらん」）及び昭和 43 年 3 月の学林パンフレット「学林にのぞむ」にご教示されている．ここに引用したい．

　本会の学林に籍をおく皆さん方が広く宗教その他の専門知識を学ばれ，本

会の布教はもとよりのこと，あらゆる面で役立つ人物に育ってもらいたい．かかる願いが，学林創設の意義の根底に流れているわけであります．言うなれば，本会の中核たるべき法の器，人材を育成するという希望と期待が，皆さんに向けられていることを自覚して頂きたいと思うのであります．この自覚こそが発菩提心であり，それをしっかりとふまえて行学二道に研鑽されてこそ，その期待によく応えることができるのであります．（開祖庭野日敬「学林生にのぞむ」）

　それを，要約するならば，第一に，学林生自身の自覚（菩提を求める心）にもとずく人材育成の大切さ．第二に，人材の育成とは，「本会の中核たるべき法の器」（法器とは仏法を受容し，信受しうるに足る者）を育成すること．つまり，仏法を求める信心決定教育をすること．第三に，人材の育成をはかるためには，行学二道に研鑽することのできる教育体系が学林に望まれていることであった．そして，これらをふまえて学林を充実発展させていくことが重要である．

　まず，学林教育が担うべき役割は，会員綱領に示されたごとく，会員が人格の完成かつ寂光土（世界平和社会）建設にむかって精進できるよう，本教団の因縁使命を果たす上に必要な人材の育成の場であるということである．それは，開祖庭野日敬のご法話（昭和39年1月の『躍進』年頭ご法話「世界の佼成会たらん」）に以下のごとくご教示されている．本会百年の土台を築く上で，時代感覚に秀でた新進気鋭の幹部の養成が急務であるとし，学林の創設について語っている．「いわば実践的な宗教者をつくる大学院です．大学を卒業した熱心な信仰者を採用し，政治・経済・法律・社会学など専門分野の大学院より学問を究めることをする一方，一定期間寝食を共にして徹底的な仏法の研修と修行をさせ，菩薩道の先駆者として身・口・意三面において文句なしに大衆をリードしてゆけるような人物をつくろうというのです．」要約するならば，第一に，学林は実践的かつ信仰の厚い宗教者をつくる大学院的な性格をもつ幹部養成機関であること．第二に，寮生活を共にし，身・口・意の三業（三つの行い）にわたる全人教育をすること．第三に，大衆をリードしてゆけるような菩薩づくりを行なうことが学林教育と制度に望まれたのである．学林の教育と制度は，庭野日鑛初代学長によれば「本会百年の土台」を築くために展開されてきた子弟教育の一翼を担ってきたものである．「一年の計は穀を樹うるに如くはなし．

十年の計は木を樹うるに如くはなし．終身の計は人を樹うるに如くはなし．」（管子）を引用され「学林は法華経精神というバック・ボーンを持った，スケールの大きい人を樹え，育てる場である」と述べている．

2　学林教育のなかで，期待される人材像とは

初代学長庭野日鑛は，具体的な学林教育の根本を以下の如く述べている．

> 開祖さまのご念願によって創設された学林は，法華経精神に基づく自行化他の手づくりの人間教育によって，有為な人材を養成すること，つまり，共に育つの「共育」によって，「真実の人間になる」ことを目指してきたのであります．そして，仏教においては，人間内容の大切な慈悲と智慧とを円満に具足する人を「仏」とも，或いは「両足尊」また，「人中尊」などとも尊称しています．いわば，学林教育の第一のテーマも結局はそこにあるともいえましょう．（庭野日鑛『学林創設30周年記念誌大樹』）

要約すると，学林の人間教育の眼目は，仏教精神に基づく悲智円満な（慈悲と智慧とを円満に具足する）全人教育とする．法華経を中心に仏教精神を行学二道にわたって研鑽することに通ずる．第二に，法華経精神に基づく相互啓発（自行化他）による「共育」というアプローチをとること．これは，第三に，手作りの人間教育をとることである．第二と第三は，発菩提心を大切にした「寮生活を共にし，身・口・意の三業にわたる全人教育」をすることの別の表現と言ってもよいであろう．

慈悲と智慧とを円満に具足する人，仏を目指してとは

> すべての人が仏性を具えており，一人として成仏しない者はいないと法華経は教えます．その仏性は，自分に与えられたもの，自分のうちに具わる偉大なものに気づくことができた大歓喜をもって，そのすべてを発揮しきってこそ顕現されます．そして，この大歓喜をすべての人にお伝えするための菩薩たらんという志願に立つ人材の育成こそが，学林のいちばんの役割であると申せましょう．（庭野日敬『学林創設30周年記念誌大樹』）

法華経の目指すところは本仏の誓願に目覚め，一人ひとりがその法華経的世界の実現に生きることにある．本仏の誓願とは，法華経の方便品に「我本誓願

を立てて一切の衆をして我が如く等しくして異ることなからしめんと欲しき」に示されている．そのためには，自分の仏性に大歓喜をもって目覚め，人様の仏性を啓発していくお手伝いをしていくことにある．

　具体的に教育のレベルでどういうことかと言うと，「各自が持って生まれたいのちの特色を十分に発揮し実現し，家庭・社会・国家・世界に貢献する人材を育成することを」を目指すということになる．（庭野日鑛『1994 入学案内』〈学校法人佼成学林の建学の精神〉パンフレットより）つまり，「各自のいのちの輝きのあり方」をどのように実現していくかにかかっている．

学林教育における霊性と感性の教育

　宗教的霊性の教育は大切であるが，どの様に捉えているのか．仏とか空とかを「ひとつの大いなるいのち」と表現できるが，人間の「いのち」は，仏の御いのち（大いなるいのち）によって生かされている，自他一体のいのちの自覚を霊性と考える．そして，宗教的感性とは何か．我々人間が，六根（眼・耳・鼻・舌・身・意）を通しての無常の実感（無常を感じる）から，同じ人間として，有限のいのちを今，共に生きている哀れみと喜び，それが宗教的感性だ．有限のいのちと感じる感性と，無限の大いなるいのちに生かされていきると自覚する霊性とを，相矛盾するもの統合していく生きようである．

　学林建学の精神をこの文脈のなかで解釈するならば，第一に，「生きとし生けるもの」の生老病死の痛みの共有・共感という慈悲の涵養．第二に，いのちへの讃歎として，どの様に与えられた「いのち」を輝かせることができるかにある．私たちは，人間としてこの世に生を受けたという事実は，「人間の意志を超えた大いなる力によって，生を受けたというほかにない」ことである．それは，尊い「他者と替わることのできない存在」である．（初段階として，親の思いがわかるところから，仏様の慈悲を感じ取っていくあり方が，霊性・感性教育の入り口である）

　① 与えられた「いのち」への感謝
　② 「生きとし生けるもの」の生老病死の痛みの共有・共感
　③ 「一切のいのちへの讃嘆」と「仏の御いのち」と一つ
　④ その悲しみの共感といのちの讃嘆の実践が仏性礼拝行である．

「お互いがそれぞれのいのちを讃嘆し，合掌・礼拝し合う．表面の違いを超

え，「大いなる一つのいのち」に生かされている一人ひとりを讃嘆する世界実現の実践が，法華経の「常不軽菩薩品第二十」における合掌・礼拝の実践行である．

学林教育のなかで，期待される人間像は，仏性礼拝行の実践者
① 内省によって自らの心を清めることのできる信仰者
② 「すべて自分」「自分が変われば相手（環境）が変わる」「すべては仏様の説法」受けとれる人間になる．
③ 「先ず人さま」と思える人間
④ 他者のいのちの痛みが分かり，苦しみ・喜びが共にできる慈悲の人間
⑤ お互いにいのちの尊さを自覚し，拝み合い，思いやりの心で共生できる世界の実現に貢献できる人間
⑥ 本仏の願いを我が願いに決定(けつじょう)する人間

3　本科教育の教科について

ここでは，学林の本科生教育（布教研修コース及び語学研修コース）のカリキュラムを中心に述べたい．

本科生教育の教科課程（2年前から2年制になった）は，大きく七つの分野から構成されているが，行学二道にわたって研鑽できるように，各分野における教育の統合，一貫性をもった教育の実施を基本方針とする．（以下，『学林運営の基本構想』昭和53年出版を参照しながら現時点でのカリキュラムを述べたい）

とくに，主なものは，佼成教学，関連諸学問分野の学問，教会実習，課題意識に基づく卒業研究が有機的関連性をもって，本会の幹部布教者の育成をすすめる．

佼成教学

佼成教学は，本会の所依の経典（法華経）および開祖庭野日敬の御法話を中心に研修を実施する．これは，本科生教育の原点であり，最も重要な仏法研修と考える．その詳細は，A．教義（根本仏教・法華三部経）　開祖の仏陀観・

仏教観・法華経観を学び，信仰者・布教者としての自覚を深め，自らの使命と役割について深く認識することをねらいとする．B．教団史では，教団の歴史および開祖庭野日敬・脇祖長沼妙佼の思想と行動（開祖論，脇祖論）を通して学び，両師への帰依と感謝の念を深める．また，本会の因縁使命を理解する．C．儀礼・儀式論では，本会の本部行事・教会行事および家庭での行事・所作等全般について，その意義を学ぶ．D．布教論では，開祖のご法話を中心に，布教者の心構え，方法論等について学ぶ．E．平和論では，開祖の平和観に基づき，仏教における平和の理念および本会の平和に関する理念と活動の歴史を学び，法華経観に基づいた平和に対する視座を確立する．一般の平和学との関連も学ぶ．F．方位・姓名学では，法華経十如是の法門を活用の原理として，方便力を養う．

教会実習（布教実習）

布教実習として，1年次2ヵ月，2年次3ヵ月，3年次5ヵ月，合計10ヵ月間，教会に宿泊し実施されていた．新コースから，1年次3ヵ月，2年次5ヵ月で合計8ヵ月間である．教会においては，各教会長の指導のもと，布教現場でのそれぞれの「お役」を頂き，信者さんと共に法座修行や手取り，導きの体験をする．内容的には，佼成教学の研修内容を実践し，体得する修行の場として重視されている．

布教実習における「手どり・導き・法座修行」を通して体解し，信仰者としての基本姿勢を身につける．

現実に庶民の人たちが生老病死の苦悩に直面しているが，そのただ中で，法華経を読み，その苦悩を少しでも癒せる具体的な法を説いていかれるか，世の中を明るくするための法華経行者の祈り，実践をしていかれるか，問われる．真の意味での，与えられ場で「すべて自分」という具体的な内省を真剣にしているかどうか問われる．直面するあらゆる現象（苦悩）も仏様の慈悲のお導きであるという，六或示現の「他事を示す」ことの体験していくことができるか，それは，仏性礼拝行の実践である．また，他者に真に仕えるためには，今の時代，世界の苦悩にも眼を向けなければならない．

布教実習における各年次の修行とそのねらいについて述べると，

（1年次）　学林で学んだ教義研修を実際の布教の場において「陰役修行」お

よび班長的・組長的なお役を頂き「手どり・導き・法座修行」を通して体解し，信仰者・布教者としての基本姿勢・行法を身につける．人々の生老病死の実態を見聞きし，信者さんの声に耳を傾け，共感できる感性を養う．

（2年次）　主任的なお役を頂き，一年次で学んだ研修・布教実習での体験等に基づき，実際に人を救い世を救う布教・実践力を身につける．あわせて布教組織の在り方についても学ばせて頂く．

本会付属の佼成病院にビハーラ病棟ができたので，希望する学林生に病院実習ができる態勢を将来つくっていきたいと考えている．

卒業研究

卒業研究は，本科生教育における学問的集大成と考えられる．本科生自らが，宗教者・布教者として課題意識をもち，問題解決していかれる能力（企画立案とその実践）の養成をその目的としている．各自の関心・能力・資質によって多種多様であるので，純粋に学問的なテーマから，教団の直面する布教課題や，教義の実践的な理解など，研究テーマは様々である．概して，仏教の文献学的研究は少なく，むしろ実践的，現実的，社会的関心の研究テーマが多い．

必要に応じて外部講師よりテーマ指導を頂き，報告書を作成する．各々の研究主題にふさわしい外部講師の指導を頂きつつ，内部講師の研究能力の充実をはかっている．研究成果は，卒業研究発表会を内部・外部講師，教団のスタッフ，学林生参加のもと実施している．特に優れたものは，中央学術研究所の『紀要』に研究ノートとして掲載する．

本科が2年制になったこともあり，研究主題設定の範囲・研究時間の在り方・質的レベルの設定などの重要課題を検討する必要がある．

佼成教学以外の関連諸学問分野の特定講義

学林創設以来の伝統と経緯に基づき，「佼成教学」「卒業研究」以外に，広く仏教学・宗教学を中心に諸学を研修する．

「仏教学」「仏教史」「印度哲学史」「御遺文」「宗教学（新宗教運動，キリスト教，イスラム，神道）」「社会倫理学」「人口論」「経済学」「政治学」「英会話」等である．選択制のコースも含まれる．

実技研修

「書道」「茶道」である．「剣道」は一昨年まで続いた伝統だったが，新コース導入で，時間的に難しくなり廃止になった．今までは，初段以上をほとんどの学生が修得してきた．

特別教養講座

社会および教団活動の推移にともない，学林生に必要と思われる教養講座を適宜，開講する．

練成

一昨年までは，三宝帰依の念を深め，僧伽の結束をはかる事を主な目的として，「身延・七面山練成」・「他教団練成」・「菅沼練成」を3年周期で実施してきた．今年より，「インド練成」を試みた．学生が自主企画できるように実行委員会を設けて実施してきている．その年の実行委員により，目的や行程は多少違う．

今後，これらの練成の意義・目的等を再検討するとともに，その実施・運営についても再考する必要がある．

(1) 身延・七面山練成

身延・七面山練成という2泊3日の練成がある．在家日蓮宗系の新宗教団体が神仏習合的な七面山によく登る．祈願供養一週間後，第1日目は白衣に身を包み，太鼓を打ち，題目を唱え，波木井山円実寺，身延久遠寺，思親閣参拝し，下山する．2日目，早朝七面山の登山口にある雌雄の滝で水行し，七面山の山頂にある敬慎院の坊に泊まり，翌朝，富士山からあがるご来光を拝する．毎回学生が練成のテーマを考えるが，大きなねらいとしては，1日目は，自分がいのちを頂いてから，今日までの自分を振り返る自分史を書き，皆の前で発表する．特に親不幸の懺悔・感謝への目覚めを促す．2日目は，自分一人の力で生きているのではない，皆に支えられて生きていることを体感する．「異体同心」（自他一体感，異体同心の体験）と「不惜身命」が学べる機会である．現代の孤立化した個から，連帯感，一体感，同じ志をもった同志，友情の強い絆を結ぶよき契機となる．

そしてご来光を拝する中で，大自然の中に生かされていることを実感できる

(大自然との一体感)．その練成を通して，仏様の願いに気づく，自分の因縁使命を自覚する．仏様にご守護頂いている事への感謝をする．

それと同様な練成が，佐渡・菅沼練成もある．佐渡は日蓮聖人の聖地，菅沼は庭野開祖生誕の地である十日町の山村である．（来年から廃止の方向．卒業後に菅沼子供村のプログラムで体験できるため．）

(2) 他教団交流練成

本会学林の特徴として，他教団交流練成がある．年々によって行く場所が違う．例えば，天理教の「おぢば」（聖地）での体験礼拝，比叡山の居士林にての座禅行と一日回峰行の修行，永平寺での参禅修行がある．スピリチュアル・ツアーリズムと非難されそうであるが，取りあえず良き刺激になっていることも事実である．本会は，諸宗教協力や諸宗教対話を積極的に推進しているので，学林では，他宗教教団理解を深めるため学生のうちから取り入れている．

4　学林寮における教育

学林のどのコースも全寮制である．寮における共同生活は人間教育に重要である．寄宿舎での宗教による全人教育の徹底を図ってきたが，3つの運営方針の柱がある．(1) 手づくりの人間教育，(2) 行学二道による仏教の研鑽，(3) 寮生活を通しての信仰の生活化，の3つである．

(1) 寮生活における規則正しい生活と修行者同士の切磋琢磨

良き習慣をつくることに主眼が置かれている．現在は5時半起床（以前は5時），その後，清掃，ご供養（6時半から），朝食となる．夕方は，食事は各自の時間に合わせてとる．ご供養（本科生は各自，光澍生は22時から），24時消灯である．食事は，当番制による自炊であるが，夕食に関しては，光澍では現在メインの料理は業者によってつくられる．光澍生は必須として，夜間に週一回法華経の研修がある．

学林寮の生活に関しては，寮生による自主運営で，比較的自由で各自に任せてある．仲間同士で切磋琢磨ができる環境で，夜を徹してのとことんの話し合いができる環境．ここ2, 3年の大きな変化は，以前は大部屋方式であったが，親や本人も個室希望が圧倒的に多く，現在は，個室で，勉強部屋が共同で使用できる．また，芳澍女学院の寮では4人1組個室部屋という，半分個室で4人

の共同リビングという恵まれた環境が整えられている．
　前学長が次のように学生同士の切磋琢磨について語っている．

　　さて，私自身のことを振り返ってみますと，本腰を入れて学ぼうという覚悟のないままに入林致しましたが，学林時代に同年代の仲間と議論を闘わし，法に対する理解を披歴し，悩みや迷いもそのままに吐露しあったりという時間を持てたことは，私の人生にとって何より幸いなことでした．ある一つの出来事についてみても，考え方や感じ方，意見などは皆それぞれ違うのだということを，身をもって理解できたことが最大の収穫であったと思います．それは，単に書物や賢者から教えられ，さとされるのとは違った，いわば"生きた"学びではなかったかと，今になってつくづく思います．このような風土は，現在も学林生同士の励まし合い，磨き合いの中に，伝統的に脈々と息づいていると伺い，大変うれしく思っております．

（庭野皓司二代学長『学林創設 30 周年記念誌大樹』）

寮生活が果たしている役割が大きいことが言える．
　問題もないわけではない．やはり，消灯の時間は守られていなし，朝のご供養に参加するとどうしても，睡眠不足になる．昼間の授業中に眠気が襲うか，朝のご供養を時々欠席したりすることになる．本科生の場合，ある一定期間，自主的に早朝より水行をとったりすると，どうしても睡眠不足になり，授業中睡魔との戦いに敗れることが多々ある．
　また，光澍生の場合，寮でのお役（食事当番や寮での行事）と大学での活動の両立が出来ず，1，2 年生の時退寮する者もいる．学生のなかには，親の願いとして入寮したが，なじめずに退寮する者もいる．入寮は難しいが，退寮は自由にしてある．
　(2) 学林寮での具体的な振る舞い（所作）の方針として，以下のようなことに纏められる．
　　第 1 に，立腰（腰骨をたて）する．
　　第 2 に，朝夕のご供養（六根清浄）「信は荘厳より起こる」感性教育（ご宝
　　　　前のお給仕を通して，ご宝前を荘厳）いのちへの礼拝行．
　　第 3 に，場を清める．（清掃をする）
　　第 4 に，履き物を揃え，椅子を使ったら元に戻す．
　　第 5 に，率先して，必ず自ら挨拶をする．

第6に，自分のリズムにあった生活習慣を作ろう．
第7に，夢，菩薩の願（大志を抱け）をもつ．

5　学林での特徴ある行事

（1）　学林の入学式（入林式）での菩薩の誓い

　学林の入学式（入林式）には，学生がご本尊，会長，学長，出身の教会長，両親の前で，各自の立てた誓願文を述べる．法華経には，「願生」ということが説かれ，人は「願（がん）」「願い」をもって人間に生まれてきたとされている．「私たちは，一切の生きとし生けるものが救われるように，幸せになるようにと，願ってこの世に生まれてきた」．この「願生」を自覚するとき，心の底から湧きあがる「利他」の思いに突き動かされ，自分がこの世に生まれた使命，何をなすべきかという目標が明確になる．

（2）　体験説法（自分史を語る）

　自分がいのちを頂いてから，今日までの自分を振り返る自分史を書き，皆の前で発表する．特に親不幸の懺悔・感謝への目覚めを促す．自分を見つめ直し自分史の再構築になるとともに，自分を赤裸々に語ることにより仲間意識が深まる．

（3）　経行練成（きんひん），武蔵野ウオーク

　教会実習，寮生活が柱になるが，その他，練成会，経行練成，武蔵野ウオークがある．一日経行練成は，学長と一緒に，都会を離れ大自然の中を歩く．武蔵野ウオークは，入学早々，全学年で開催するが，佼成霊園（開祖・脇祖のご墓所）から杉並の大聖堂まで，武蔵野の道30キロメートルをただひたすら歩く．庭野日鑛会長，光祥（次代会長）も参加され，自然の霊気や美しさを味わうと共に，歩くことにより，等身大の自分に気づくことを目的としている．本科生はほとんど完歩している．

（4）　ボランティア活動

　海外の植林ボランティア，「アフリカへ毛布をおくる運動」や日本での災害の時，積極的に学年別で参加している．

おわりに——実践的宗教者の育成の課題として——

　新宗教教団とはいえ，学林に入寮してくる者は，ほとんどが信仰3代目，4代目だ．初代の子女はまだ，両親が苦難の中から救われてきた体験を身近に見聞きしているが，3世，4世になると，その体験がない．そのような子女にどの様にして，信仰体験を持ってもらうか．知的な学びだけでなく，教会実習（布教実習），体験学習，特に練成，また，寮での仲間同士の研鑽が必要不可欠になる．

　第2に，現在，学林出身の教会長は全体の35パーセントを占めるが，布教の現場から直接教会長に登用された者と較べると，ほとんどが男性で，人格，見識は優れているが，布教力やバイタリティーがなくなってきたと指摘されている．学林での教育だけでなく，採用の男女比，布教者としての適性，年齢制限，更には卒業後のフォローアップ教育等の様々の諸問題を総合的に検討しなければならない時にきている．

　第3に，各教会では女性が主体の信仰活動であるのに，学林の本科女性の育成に関して，男性中心のカリキュラムであり，女性に関して十分配慮されているとは言えない．例えば，教育にあたる女性スタッフが少ないなど問題がある．

　第4に，宗教的霊性や感性を高めるには，自分自身が宇宙の大生命に生かされているのだと実感できうる，それなりの時間や土や自然に触れられる環境が必要である．人里離れた山に籠り，ひたすら仏教を学び人格を陶冶するのが一番良い．人生の一時期，新宿などの雑踏を離れ，大自然の中で，行学二道に専念できる環境に身を置ければ最高だ．梅檀林（僧徒が学問・修行をするところ，学寮）のような環境である．ある程度，練成等で補えるが，その様な環境に学林ができることが望ましい．「現実に人を救い，世をたて直す」には，庶民の現実の場から遊離してはならないが，そこに埋没してしまってもいけない．バランスが大切だ．

　第5に，海外修養生や外国から学びにきた人と一緒に修行することで，異文化交流にも，異質なるものとの調和，自己を見つめる機会にもなる．海外教会へも積極的に若い人材を送っていきたい．その為には，外国語学習の動機付けをしていくこと．

　第6に，現在の学林は教団内リーダー養成機関であるが，創設者の願いを十

分に実現していくには，実践的宗教者養成の臨床的大学院の機関であるべきであろう．それには，神父・牧師養成の欧米の神学校を1つのモデルに，ある程度専門的な知識と臨床的・実践的な宗教者養成機関になるべく，組織・教科課程・教授陣等を整えていく必要がある．

第III部

宗教者育成の現場から

行の宗教から出会いの宗教へ

本山一博

はじめに

2004年の11月の公開シンポジウム「現代における宗教者の育成」は，その知らせを読んだときに開催趣旨からして大いに期待の持てる内容だと思った．企画した弓山先生の問題意識も鋭いと思った．宗教界にとって本質的な問題であるのでたくさんの聴衆が集まるだろうと思った．参加してみると，聴衆の入りは盛況とはいえないものだった．宗教界の問題意識の低さというか，内向きな姿勢というか，そのようなものの表れと思われ，がっかりしたことを覚えている．すばらしいテーマを出した弓山先生が気の毒だと思った．

若干本筋から離れるが，私は真の宗教対話はアカデミーと宗教者の協力関係から生まれると思っている．宗教者だけでは難しいと思う．宗教者は学者のことを「所詮学者だから」と思い，学者は宗教者のことを「もの知らず」だと思っている，このような状況は不幸だと思う．この状況が今回のシンポの集まりの悪さに現れているのではないか．アカデミーと宗教者のコラボレーションを国際宗教研究所に大いに期待している私としては，この重大なテーマのシンポにもっと宗教者は注目して勉強しに来てほしかった．

1 求道者型の限界

自己完結的な求道者型

さて，シンポの内容そのものは大変によかった．いろいろと考えさせられた．いろいろな話題が出たが，その中で特に私が興味を持ったのは戒能先生の発表したCコース（神学校を経ない受験者，他教派からの転入者）についてと，

塩入先生の発表した公募制の僧侶養成についてである．とかく閉鎖的になりがちな宗教界にとって非常に有益な試みであると思われるが，発表によると必ずしも上手く機能してないらしい．戒能先生によるとＣコースの人は生の社会経験があるが，それが牧師になってそのまま生かされるということはあまりないらしい．その人々はあまり牧師としては上手くいかないなぁと自省することが多いらしい．塩入先生によると公募制で入ってくる人は自分自身の求道のための人が多く，このような求道者型の人は寺院経営で上手くいかないことが多いという．私はこの問題を特に取り上げて，何が問題であるのかを考えてみたい．戒能先生のＣコースの人も合わせて求道者型としてくくると，問題は，求道者型はなぜ宗教者あるいは教団人として機能しないのかということになる．結論から言えば求道者型の信仰は自己完結的なものであることが多く，それだけでは信徒という他者との関わりでこそ機能する宗教者の役割を果たしえないことが多いのではなかろうか，ということである．

　私自身がフロアから求道者型の問題点について質問したとき塩入先生からは「求道者型の人はモチベーションが高いが，オタクというか，寺院経営の世俗的な部分にいやらしさを覚え，性急な改革をしようとして周りと摩擦を起こす．そして途中で見限って出て行ってしまう」というようなお答えがあった．教団内部にいると確かに教団とは世俗的な部分が多く，私自身も「こんなことが信仰とどう関係があるのよ」と，げんなりすることが多い．しかし，信徒の人生はある意味で世俗そのものであり，それから超然としていては宗教者としての役割は果たせない．フロアには学習院大学の院生の方がいらして「信者の中にもモチベーションが高く，よく勉強している人がいる．それらの人と宗教者の違いは何であるのか．宗教者の資質とは何か」という趣旨の質問をされた．私は宗教者は一信徒であるべきだと考えているので，宗教者の立場が信徒のそれより高いとは思っていないが，やはりそこには役割の違いから来るスタンスの違いがある．それを安井先生と戒能先生が的確にお答えになっていた．安井先生は「人を救ける心を持つということが宗教者の資質であり，それは単なる相互扶助を突き抜けたところにある」とおっしゃり，戒能先生は「困っている人に対して身をかがめて身を添えることが最大の資質であり，スピリチュアリティなどより大切だ」とおっしゃった．宗教者とは他者と出会い，他者と関わる「仕事」なのである．

スピリチュアリティの継承とは

　一方で戒能先生のご発言に多少の突っ込みも入れたくなった．人が宗教に入ってくる理由はいろいろあり，その中でも重要なものは自分自身ではどうにもできない問題の解決というものがあり，それはつまるところ救いを求めてくるということである．しかし，文字通りスピリチュアリティを求めて宗教に入る人も少なからずいるし，それは以前より増える傾向にあるのではないか．また，救いを求める人も宗教者にスピリチュアリティを求めることが多い．これは戒能先生自身がおっしゃったことだが，日本基督教団では500人以上の信徒を抱えるカリスマ度の高い教会がいくつかあるという．そのような教会はあまり教団に顔を出さないし，問題も出る．しかし，お金はきちんと出してくれる．また，そのような教会は30年周期くらいで没落することが多い．そのことを知っているそれらの教会のカリスマ的指導者たちは将来のことを考えて日本基督教団にとどまっている．以上のようなことを戒能先生は求道者型の問題点に関する私の質問のときのお答えとしておっしゃった．先生としてはそれらのカリスマ的指導者たちが場合によっては「教祖」になることの危険性を指摘されたのだと思うが，一方では，信徒になる人はそのような「教祖」，つまり霊性を感じさせる人を求めているのだとも言える．そのことはそのような教会が単に人が多いのみならず資金的にも余裕があることから伺える．また，先生のご指摘は教祖性，つまりその人がまとっているスピリチュアリティは継承しがたいということを示していると思う．だからこそそのような教会は30年周期で没落するのだろう．

　また，塩入先生は求道者型が性急な改革をしようとすることの問題点を指摘されたが，そのような求道者は結局独善的であり自己完結的であるのだろう．そこで次のような問題が意識に上る．スピリチュアリティを如何に継承するか，そしてスピリチュアリティが自己完結的にならずに他者との関わりを持つためにはどうすればよいのか．

スピリチュアリティと瞑想

　そもそもスピリチュアリティとは何かという問題があるが，ここではそれはあまり触れずに話を進めよう．ある種のスピリチュアリティあるいは霊性を生まれつき具えている人がいる．日本ではそれは血によって継承されるというイ

行の宗教から出会いの宗教へ　　159

メージがあるようで，神性あるいは現世利益直結の霊能の継承を期待するのか，教団指導者は世襲であることが望ましいとする空気が宗教者の側にも信徒の側にもある．しかし，実際はそうもいかないことの方が多そうである．また，生まれつきの才能があったとしても，それが宗教性を帯びるためにはある種の修練が必要で，そのままでは霊能が呪術以上のものにならない場合もままあるように思える．また私自身が感じるところを言えば霊能は必ずしも宗教性の必要条件でもなさそうである．

とは言っても世俗と宗教とを分けるある種のスピリチュアリティはやはり非日常的なものである．そしてそれは人間である以上誰にでも備わっているものにも思える．なぜなら，どんな人でもその人に何かしら宗教的とも思える高貴さを帯びていると感じられる瞬間があるからである．この種のスピリチュアリティはどんなときどんな形で現れるのかは予測しがたい．しかし，太古よりある種の「行」がそのようなスピリチュアリティを身につけるのに有効であると人類は知っているようである．それゆえ，宗教的な修行はさまざまな形で人類の遺産として残っている．その中でも代表的なもののひとつに瞑想があろう．

瞑想の伝統は東西にあるがその中でもヨーガの瞑想を軸にこの行のことを考えたい．瞑想によって達成されるある種の神秘体験が宗教的なスピリチュアリティと関係があること，それが「出会い」として体験されるときに自己完結的なスピリチュアリティから他者との関わりあいを持つスピリチュアリティへと変わることを私のささやかな瞑想体験も交えて記したい．そのようなスピリチュアリティの開発は前述の問題を考えるときに有用であると思う．

2　霊的エリートへの疑問から「出会い」へ

玉光神社に生まれて

私が権宮司を務める玉光神社は70年ほど前に教祖本山キヌエが小豆島において神から天啓を受けたことにより立教した新宗教教団である．小豆島は真言密教が盛んな土地であり，教祖は修験道的な修行をしていたようである．私の父である宮司も幼少のころ教祖に連れられて滝行をしたり厳しい山道を命からがら登ったりしていた．そのため宮司も子供のときから神秘的な体験を得ていたが，成人して東京文理科大学で哲学を学んでいるころに人に勧められて三浦

関造氏にヨーガの呼吸法を習ったことをきっかけとしてヨーガと出会い，ドイツ語などの文献を通してヨーガについて知識を深め，自分の体験が特にクンダリニーヨーガの文献に書かれていることとの類似性が著しいことに興味を覚えたそうである．宮司はその後ヨーガをさらに本格的に研究すると同時に厳しい実践を通して自分のものとしていき，ヨーガ行を通して神秘体験を深めていった．そのような経緯で 1970 年代以降は当社では行とは特にクンダリニーヨーガのことを指すようになった．

　私自身も中学生くらいのときからクンダリニーヨーガを始めた．クンダリニーヨーガとは 13 世紀ころにインドで完成された修行法だが，肉体的な身体と重なる微細身という別の霊的な身体を想定する．微細身の中にナディという脈管が無数に走りその中を生命エネルギーであるというプラーナが流れる．微細身の尾骶骨から頭頂にかけてチャクラというエネルギーセンターが 7 つある．尾骶骨にあるチャクラにクンダリニーという根源的な生命エネルギーが眠っていて，チャクラが覚醒をしてクンダリニーが上昇をし，頭頂のチャクラにそれが達すると悟りをえるという．ヒンドゥーの文脈であるクンダリニーヨーガは 13 世紀に完成されたことになっているが，このような行法は仏教タントリズムにおいて 8〜9 世紀にほぼ出来上がっていたという．このような覚醒を得るために行者は断食や断眠などの苦行と長時間の瞑想をするのである．これは肉体の制御と強いイメージ操作をすることにより，特殊な心理状態に至るタイプの行法としては完成度の高いものである．

霊的エリート

　クンダリニーヨーガをすることにより多くの人は特殊な心理状態に達するし，その成果を具体的に体感として感じやすい．それぞれのチャクラの性質が詳しく定義されているので自分の達した階梯についても意義付けがしやすい．これは非常に魅惑的な行法である．しかし，紀元前の古いヨーガの時代から，ヨーガをする人の目的は多くの場合超能力の獲得である．クンダリニーヨーガと比べるとはるかに悟り志向である古典ヨーガのテキストである「ヨーガスートラ」においても超能力の記述のために丸々一章割いている．超能力の獲得を求める人には多くの場合世俗の領域での当たり前の努力をせずに旨い人生を生きようという思いが背景にある．私はこれを「一発逆転ホームラン」「万能薬」

の病理と言っている．また，自分の霊格が他の人より高いという思いを抱きたい霊的エリート志向が動機であることも多い．

そもそもそのような動機や思いはきわめて世俗的である．しかも不健全な世俗性である．このような不健全な動機や思いを抱いたままクンダリニーヨーガをするときわめて自己愛的な自己完結型のスピリチュアリティに行き着くようである．このようなものは宗教性からは遠いと思う．私はヨーガ行をする人々に囲まれて，長年ヨーガ行をしながらもそのような自己愛の強い，そして妄想的な，いわば変な人が多いことについていろいろと考えたり悩んだりしていた．

キーワードとしての「出会い」

そのような中で私は縁があって新日本宗教団体連合会（新宗連）の活動に参加するようになった．新宗連においてまず強調されるのは出会いの大切さである．新宗連での年に一度の一番大きな会合では温泉に泊まり大宴会を開くのが通例であるが，初めのうちは，私は宗教者の集まりがこのようなことをすることに戸惑った．しかし，参加して一年ほど過ぎたときに当時立正佼成会の理事長であった酒井先生から「本山君，宗教対話はまず友情からだよ．出会って仲良くなってそれから宗教について語れるんだ」とおっしゃっていただき，納得できるものがあった．

宗教が違っても，同じ人間であることには変わりがないのだから．他の宗教者と出会い語り合いをするうちに私は自分の宗教を相対化できるようになっていった．その中で自己完結的な宗教観からより開いた宗教観へと自分の見方が変わっていったと思う．それから私の中で「出会い」というのはひとつのキーワードになった．

出会いというのはごく普通の言葉であるが，この言葉と自分が重ねてきたヨーガ行での体験がいつの間にか自分の中で結びつくようになり，私は神秘体験，あるいは宗教的に意味のある神秘体験を次のように表現するようになった．それは「他者と厳粛な出会いをして，無言の教えを聴く」ということである．この出会いは通常の出会いとは違い，神秘体験でいう主客合一とか神人合一につながるようなものである．しかしここでいう他者とは必ずしも神仏というわけでもなく，他の人，芸術作品，一輪の花のような自然物など，要するに自己以外のものであればなんでもよいのである．他者と自己との間のある種の絶対の

壁に何かしらの意味で穴が開くような体験を出会いという言葉で表現するのである．そのとき人は必ずその他者の存在そのものが語る何かを聴くのである．聴くというのはもちろん比喩的な表現であるが，とにかくその存在そのものの価値とか意味のようなものを無言のうちに聴くのである．つまり言語によらずに聴くのである．そして，それは何かしらそれを聴いた人の価値観や規範意識に影響を与えるので「教え」というのである．このような厳粛な出会いにより，人は自己と他者との不可分，存在と意味との不可分という二つの不可分を体験的に感じ取るのではないかと思う．この二つの不可分を観ずることによって具体的な道徳項目になる以前の倫理的な感性が喚起されると思う．このような感性を伴うスピリチュアリティは開かれたものであり，宗教性を帯びたものといえる．

このような自己完結的な神秘体験から開かれた神秘体験への変化を表題のような「行の宗教から出会いの宗教」へと表現してみた．いずれにせよ，神秘体験がスピリチュアリティを養うと思う．そのような神秘体験のシフトは実際にはどのようにしてなされるのか．ここでは私の瞑想における経験を記して，その一例としてみたい．

3　行から「出会い」へ

自分をみつめる瞑想

私は前述のようなクンダリニーヨーガの問題点を如何に克服するかということに取り組んできたが，その結果今のところ三種類の瞑想に集約してきた．私の瞑想はすべて他者の意識化から始める．自己が他者に相手として丁寧に意識をむけて自他の対立を明確にすることから出発する．その後に自己と他者との間の「距離が縮まる」「身近に感じる」という感覚が深まっていく．それが場合によっては前述の厳粛な出会いに至るのである．

三つの瞑想の一つ目は身体を意識化して身体の観察に徹するという瞑想である．これは身体を自己の一部ではなく他者として意識することにより自分自身の身体と出会いなおすことを目標とする．これは意識の中から言葉を拭い去ることを目指す無言の瞑想でもある．二つ目は深く思い巡らす瞑想である．言葉を駆使して（といっても口に出すわけではない）ひとつのテーマについて徹底

的に思い巡らす．そして自分自身の奥に隠されていて，自分を動かしている言葉を捜すのである．ここでいう言葉とはその言葉と不可分な自分の思い，感情，ものの見方，欲なども含めていう．ここで意識化される他者とは自分自身の思考と思考している自分自身である．そして深いレベルでの自分自身の言葉と出会う．この深いレベルでの自分の言葉との出会いは感銘，感動と厳粛さを伴うのである．自分自身の言葉と直面したとき人はその言葉を変容させざるを得ない場合がある．たとえばクンダリニーヨーガをする自分の動機が明確な言葉となって自分自身の内部に発見されたとき，少なくとも私はそれを変容させざるを得なかった．クンダリニーヨーガは身体をイメージ化してみるし，そのイメージ化は必然的に言葉を伴うので，瞑想している人は身体と言葉を混同しており，身体とも言葉とも明確には出会いがたい．この両者を明確に区別して，それぞれとの出会いを果たした後でこそクンダリニーヨーガを実習する準備ができるのだといえる．

第三の瞑想をもとめて

　この二つの瞑想はこの数年取り組んできたことである．そして瞑想の目的も「自分が生きることの意味を問う．自分と向き合う．自分を超えたもの（あるいは他者）と向き合う」として明確にしてきた．しかし，最後の他者と向き合うというのがこの二つの瞑想だけではもう一つ足りないと思った．自分の身体も言葉も他者として意識はできるが一方ではやはり自己の一部なのである．私にとって他者との出会いは多くの場合信徒との真剣なやり取りの中で感じられた．信徒がほかの人には打ち明けられない心の中をこちらが宗教の先生と思って開示するとき，私は率直に言って怯んでしまうこと，大げさに言えば恐怖を感じるときもある．そのときに閉じたくなる自分の心を開けたときはたぶん宗教者としての役目を果たしえたときなのである．

　シンポジウムの中で安井先生が，天理教校の全寮生活の三年目の後半から学生は町の教会に出て，教会横のプレハブに住んで昼食抜きで布教に出ることについてお話された．そうすると学生さんは天理教は絶対だと思っていたが，布教の厳しさを知ってそれがもろくも崩れ去ることを体験するのだという．そして一人一人の信徒の大切さを知るのだという．外部の人に布教することの厳しさほどではないが，私の経験上でも信徒と真剣に向き合うと自己完結的な宗教

性では追いつかないことが判るのである．このような他者との向き合いは生きた信徒との向き合いが一番である．そして，このような向き合いを瞑想に持ち込めないかと考えた．それには前述の二つの瞑想では足りないと思うようになった．

他者と向かい合う瞑想

　そのようなとき新宗連加盟団体である円応教のパンフレットに載っていた「修法」の写真が思い出された．修法についてはここでは詳しく説明できないが，その写真では二人の女性（老人）が互いに向かい合って座り手を合わせていた．絵的に「これだ」と思い，二人で向かい合って瞑想をするということを思いついた．

　後で人に聞いたところそのような瞑想は欧米では珍しくないそうであるが，そのときは参考になるものがなく手探りで始めた．これは今年（平成17年）になってから試みたのである．背中合わせに座って背中で相手を感じようとしたり，向かい合って座りながら，相手を視覚的にまぶたの裏に再生する観想法的な訓練をしたり，目を合わせて手を握り合いそのまま長時間座ったり，相手の良心に焦点を合わそうとしたりした．

　その結果分かってきたのは，相手を知るのはいかに難しいかということと，心を開くのがいかに困難かということと，日ごろ他人といかに向き合っていないかということである．それらは当たり前のことのようであるが，向かい合う瞑想をすることによって実感されたのである．しかし，それらの難しさを知るだけではなく，向かい合う瞑想をすることによって信仰者として当たり前であるはずの「神に心を開く」という感覚が養われてきた．そして祈りの深まりを経験した．これは私にとっても一緒に向かい合う瞑想をした信徒たちにとってもそうであった．向かい合う瞑想をして自分の心が開けた感覚がもてたときには自分のみならず相手にも何かそのような感覚が起こり，お互いに非常に感動し，その後その人の皆さんに対する日ごろの態度さえ変わるような変容が生じることも数回あった．また，向かい合う瞑想をしながら信徒の話を聞いたり一緒に祈ったりすることも試みてみたが，信徒にとって有益なアドヴァイスができるのは心が開け，直感が働き，考えることなく応答できるときであった．そのような時には多くの場合涙が流れる感動を信徒のほうは味わうようだった．

もちろんそのようなことは多くなく，むしろ心を開くことの難しさを思い知るだけということの方が多い．

開かれたスピリチュアリティ

　このように瞑想の中に他者との関わりを明確に取り入れることによって，出会いに至るような開かれたスピリチュアリティが養われるのではないかという期待が持ててきた．多分そのようなことは送り手と受け手が常に二人一組を作り，かつその役割を交互に交代する神秘体験をする手かざし系の教団では当たり前のことなのかもしれない．いずれにせよ，神秘体験は多様であり，そのための行法も多様である．その行法に他者との向き合いを積極的に取り入れることによって，スピリチュアリティを如何に継承するか，そしてスピリチュアリティが自己完結的にならずに他者との関わりを持つためにはどうすればよいのか，という問題にアプローチすることができると思われる．

　どのように他者との向き合いを取り入れるかはいろいろな形があるだろう．その形がどのようなものなのかは，私には今のところ向かい合う瞑想以外には思いつけないでいる．しかし，求道者型が求めがちな自己完結的な霊性を開かれたものに変えていき，自己と他者，存在と意味との二つの不可分を体験し，宗教者に不可欠な「ある種の」倫理性を獲得するには他者との向き合いをスピリチュアリティを養う神秘体験に持ち込むのが，つまり行から出会いへというシフトをもたらす工夫をすることが有効だと思われる．

　今一度私なりの神秘体験の目的と定義を言えば，自分が生きることの意味を問い，自分と向き合い，自分を超えたもの（あるいは他者）と向き合うために，他者と厳粛な出会いをして，無言の教えを聴くことなのである．

寺院の世襲・子弟の発心

高丘捷佑

1 世襲の是非

　僧侶に限らないことだが，後継者を直接教育するのは，一般的に師匠である．精神的にも生活的にも指導し，成長させる．仏教僧侶の場合，一人前になるまで，経済的な問題や住環境にも注意を払いながら責任を持って弟子を育てるものである．私自身は未だ若輩の小僧であり，当分は後継者を育成することの心配はない．今回はこれまで育成されてきた者として，また現在も育成されている最中の者としての視点から，この問題にアプローチしたいと思う．

　今日，日本においては仏教僧侶の師弟関係は，半分以上が血縁のある者同士で組まれている．これは批判されることも多い一面で，幼いころからのさりげない教化を可能にし，日本仏教を持続・発展させてきた重要な特徴の一つであると思う．しかしまた，批判されてしかるべき弊害も間違いなく存在する．

　私の師匠は伯父である．父親の長兄の元で僧籍に入った．この方は，尊敬すべき高潔な人柄ではあるものの，わが師ながら僧侶としてはいささか問題があった．

　私の祖父に当たる前住職を亡くし，学徒の出征から戻るやなし崩しに後を継ぐことになった師匠は，僧侶たるべきことに意義を見出せず，世襲の問題点を体現したような僧侶になった．

　戦争で寺が全焼したためもあるが，志した学問を活かすべく学校に勤め，宗教とは一線を置いて教育者であることに生きがいを感じていた．法務はむしろ副業として勤める，言ってみれば「週末僧侶」．山内に住まずに勤めた期間も長く寺は衰退した．運営も古い時代のままの大雑把なもので，発展性のない寺は当然のように問題を抱え，師匠の病気もあって寺は人手に渡った．師匠も弟

子である私も，寺族の全てが寺を離れることになった．

　宗門で定められた修行に行く時間もなく住職にさせられた伯父には，指導者であるはずの師匠がすでにおらず，法務や僧侶としての姿勢を教わることができないまま義務的に檀務をこなす僧侶だった．僧侶であることの責任感や，志を育ててくれる人には出会えないままに，住職でいることは「重荷」であったようだ．

　病を得て思うように法要を勤めることができなくなってからも義務として住職を続けていた．休憩中の師匠のそばに控えて，私は師のつぶやきを聴いたことがある．「本当は……坊さんにはなりたくなかったんだ……」50年近く住職を勤め続け80歳になろうとする仏教者の本音である．世襲制の悲劇を感じた．

2　先輩という支え

　私は，寺を身近に育ちはしたが両親とも在家の人間で，大学卒業までを寺から離れた東京で過ごし，学校の休みや行事のあるときにしか寺には帰らなかった．私の所属する宗派の場合，宗門の大学卒業後，1年から状況に応じて5年ほど本山その他の修行道場で生活して資格を得ることが一般的である．それ以前には特に作法を身につけることは求められてはいない風潮があるが，たいていは師匠について多少の下地を作り，慣習を見覚えてゆく．私も卒業後に修行に行くつもりで大学時代を過ごしていたが，すでに師匠は病体で私を育てる状況になかったため，東京の青年会で基礎を教えていただいた．本来僧籍地ではない地域で，受け入れも難しかったであろうが，衣のたたみ方から指導していただいた．後進の育成と指導に熱意ある懐の広い先輩方に縁を頂戴した．

　大学生活の途中で師匠が倒れ，とにもかくにも資格を取るのに必要とされている法要を通過しなくてはならないのだが，普通ならば師匠が手配・指導してくれるものをどうしたらよいかまったくわからない．基本もできてはいない時期のことで，周囲の助けがなければ勤め切れなかっただろうと思う．

　法類や近隣寺院が関わりを持つまいとする中で，たまたま出会っただけの，責任もないはずの方々が，なぜここまでと思うほど熱心に指導して下さった．得する分がないだけではなく，問題に巻き込まれて迷惑をこうむる可能性の大きい中での話である．

籍を置く寺は出ることになる目算が大きい．結果どうなろうと，どこへ出ても胸を張れる僧侶になれ．どんな場所でも通用する実力をつけなければ寺を継いだとしても使い物にならない．本当に住職をするつもりなら問題の解決云々よりも，自分がどのような僧侶になるかが先だ．と強く言われたことは感謝にたえない．

　頭の下げ方など基本の礼儀から一々に教えていただかなくてはならない未熟者で，たいそう手がかかったと思う．

　せっかく僧侶になったのだから良縁を結べと，宗門の伝統と仏法に沿った生活の大切さに触れる機会を頂戴した．まず，仏教者としての根本になるものを積み立てることの重要さを教えられた．やや年齢の近い先輩方からは，慣習にとらわれない発想の重要性，現代において必要とされている僧侶の姿を学ぶことができた．いろいろな立場の方々がそれぞれに，広い視野から物事を見る姿勢を示して下さったことが，いま，私の僧侶としての基本になっている．

　教義的なことや理想と現実の世の中の動き・時代の流れをいかに合流させるか，妥協する部分にどこで線を引くか，自分で考える癖をつけさせてもらった．例えば，飲酒や結婚はなぜ戒律で禁じられているのか．また，禁じられていながら，なぜ現代の日本仏教では認められ，奨励されているのか．戒律を守るだけの聖人では勤めきれない複雑な僧侶の役目がある．生臭なだけでは勤まらない聖者としての僧侶も必要とされている．自分はどのような姿勢で立ち，誰に，どのような要求に応える僧侶であろうとするのか．

　自分で考えをまとめ，判断して行動する．そのためには元になる情報や経験が必要である．結局のところ勉強するしかないのだ．

　大学の恩師のお一人に，常に様々な活動をされている方があり，御自坊でも宗派の中でも，その他多くの場所に出て教化活動を展開され，後進を育成しておいでになる．

　友人がその教授に対して質問した．「そんなにいっぺんに色々な活動をしていて休む暇もなく，収集がつかなくなることはないのか？」と．これに対して教授は「どんなに手を広げても仕事を増やしても，自分はある一つの"要"を持っているから大丈夫なんだ」と答えた．

　その要とはその方にとっては毎朝の梵鐘であるという．副住職をはじめ随身の僧侶や，手伝いの方も多くいるお寺である．鐘撞きは小僧の仕事というお寺

も多いと思うが，どんなに忙しくても，自坊にいる限り必ず定められた時間に住職自身の手で鐘をつき勤行をする．朝のその時間に必ず起きるという生活のリズム．また，何をするときも必ずそこが出発点であり，帰結点であるということが大事なのであるという．梵鐘や勤行に限らず，そういった一点に自分を終結させていくということが要であり，自分の姿勢を正すということなのだろうと思う．

　場面に合わせて変則的なことをするにしても，相手に合わせた方便を使うにしても，どんなときにも揺らぐことのない，要になるものを自分の中に持っていなければ流される危険がある．その要は，自分の勉強の中から自分が見つけるしかない．だが，その過程で先輩方の視野の広さを借りて，世の中を見ることは，後輩にとって大きな助けになる．良い育成者は理論だけではなく御自身の行動で見せて下さるものだと思う．どんなに厳しいことを言われても，指導者自らが完璧に実行しているのを見れば納得するしかない．言い訳する余地もなく，努力せざるを得ない．また，このようになりたい，この人たちに少しでも追いつきたい，と思わせてくれる先達の下であれば，多少の厳しさは後輩にとって苦ではない．

　私は自慢にできるほど出来が悪く，「つかえない」和尚である．多くの場合，教えてダメなら黙って見捨てられてしまうこの世界で，私の周囲の方々は繰り返し怒り，呆れながら何度でも教えてくださった．私は指導者との出会いに恵まれている．しかもそれは，ほとんどが私の抱えた様々なトラブルのおかげのような出会いなのである．

3　尊敬できる指導者／できない指導者

　もし師匠が健康であったら，問題のない平和な寺の弟子であったなら，この8年近くの出会いはほとんどなかったと思う．師匠が自分で私を育てることが出来ていたら，地域の違う方々に指導をしていただくことはなかっただろうし，活動に触れることもできなかったに違いない．寺に問題がなければ，きちんとした運営方法を学ぶこともなく，寺院のあるべき姿や機能について深く考えることもなかったかもしれない．様々な生臭い現実の騒動の中にあって，かえってよい出会いをいただいたと幸運を実感している．ついていきたいと思える指

導者に出会わなければ，私も師匠と同じように僧侶であることの意義を見出せなかっただろう．

　トラブルを抱えていることを承知で指導してくださった多くの方があり，返して返しきれない恩を受けているからこそ，私は今も僧侶でいることができる．この御指導を無駄にはできない，先輩方に恥じない仏教者でありたいと思えなければ，寺を引き渡した時点で還俗していただろうと思う．心底尊敬できる指導者に出会えることは，我々小僧の何よりの幸せである．

　世の中には，仏教者といっても尊敬できる方ばかりではないらしい．多くの宗派の様子を耳にするに，高名な指導者であっても自分の指導に沿わない僧侶は許せないと，随分な態度に出ることがあると聞く．

　たとえばある宗派では古式を非常に重視する．もちろん伝統仏教の守り手として重要なことだが，行き過ぎが感じられる事例もある．中には女性僧侶に限っては洋服を着用せず，伝統的な僧衣のみで生活するべきだという考えをもっておいでになる方もあるようだ．または，髪を少しでも伸ばすこと，結婚することはすべきではないとお考えになっている．それ自体は信念として立派だと思うのだが，この考えに特に重きを置かない女性僧侶が洋服を着て髪が長かったり，男性と付き合ったりしていると，許せずに排斥運動を始めるということを耳にした．曰く「変装して歩いている」「還俗した」「僧侶として認めてはいけない」法要から外すように呼びかけ，悪い噂を造って流そうとすることもあるという．自分に追随しない者を，指導の名目を使って消そうとするのだそうだ．

　仏教者として信念を持つことは大切である．それを貫く姿勢も立派だ．しかし，異なる考えを持ってそれぞれの事情や信念の下に行動している僧侶に対して，つぶしをかけるようなことをするのが，後進を育成する立場の僧侶がとるべき行動なのだろうか．信念は自分が守り通すもの．人に押し付けて良いものではないのではないだろうか．

　また，特定の宗派に限らず目に付く光景として，指導者として名を揚げている方の一部は，自分に心酔するものに対しては異常に甘い．と，言うよりは自分に従うものがどれだけいるか，自分がどれほど慕われているかを他人に喧伝しようとする傾向がある．そのために弟子を多くとって，その数で自分の価値を証明しようとするようだ．しかし育てることをしない．きちんとした意識を

育てる場を与えず，他の世界を見せようとしない．

　耳にする限りあくまで一部の方なのだが，こういう方々にとっては弟子たるものは自分を褒め称え，自分に教えを請うためにいる．自分と違う行動は認められない．師僧たる自分以上に育つ必要はない．結果，自分なりの僧侶としての意識を育てることのない弟子達は，師匠の中途半端なコピーにしかならず，そのまま世の中に出て行く．出て行けば，在家に皆さんにとってはこの人たちも仏教者だ．自分の良く理解していない佛法を聞き覚えたままに話して聞かせる．話す内容に裏づけがないので厚みも発展性もない．師匠が否定していたものは自分も攻撃する権利があると思い込み，何の根拠も反省もなく人を傷つけて回る僧侶さえいる．周囲の人々は，これが現代の僧侶なのだろうと仏教から離れてゆく．御自身は素晴らしい仏教者であられるのに，弟子を育成することだけはできない方は時々お見かけするものである．

　同じように10人・20人と弟子を取っていても間違いなく全員を育て上げ，素晴らしい和尚を送り出し続ける立派な指導者も多くおいでになる．このような師についた弟子は，また，素晴らしい指導者・育成者になるに違いない．

4　寺院と「出家」

　近年，僧侶になろうとするものには大きく三つの系統がある．はじめにも述べたとおり，主流は寺院の血縁者，僧侶の実子であるか親族である者．もう一つの流れは在家で育ち，長じて自ら寺院の門をたたき徒弟となる者．そして第三の流れとして，連れ添った相手が寺院の子弟であった場合がある．仏教の本来のあり方などから「出家」についての議論は絶えないが，三者それぞれに事情があり想いがあり，抱えざるを得ないもの，捨てざるを得ないものがある．各々長所もあり，また陥りがちな短所もあるので一概に是非を断ずることは難しい．

　寺院出身者の場合には多かれ少なかれ寺の世界を身近に育ち，この世界に独特の動き方になじんでいる．基本的な作法も身について寺院の果たすべき役割を認識している．幼いころから跡取りとして人前に立ち，第二子・第三子にしろお坊さんとして扱われて育つため，檀信徒に対する責任感は強い人が多い．

　その一方で囲い込まれて世間知らずに育ち，物心つかないうちから奉られる

ので，我儘になることもある．気がつけば僧侶の世界にいるので，考えることもなくなんとなく進路が決まる．よき指導者に薫陶を受けることがなければ，私の師匠のように僧侶であることに意味を見出せず，嫌々ながらに法務を続けることになる可能性も高い．こんな心理状態の住職では義務を果たすことも出来ず，自分も一生を棒に振ってしまう．何より，檀信徒にとって不幸である．

　寺院の出身ではないが，縁あって出家を望む者も多い．この場合，成長しきった人間が自分で僧籍を望むのだから，嫌々ということはあり得ない．戒律に厳しく信仰の厚い立派な僧侶が多い．「寺」よりは「仏教」の世界に入る意識が強いので，学ぶことに熱心で迷いが少ない．一般社会を経験しているので見識が広い．

　しかし，年齢が高いことが多く，この世界独特の慣習に馴染み難い面がある．自分の勝手なイメージと師匠への憧れでたいした覚悟もなく僧籍に入ってくる．自分さえ美しき世界にいればそれで満足，という感覚に陥りがちである．他人の人生に関わることも多い存在としての責任感に欠け，現実の中で苦しんでいる人々は汚い下賤の者，とばかりに見下していることもある．ある種の人は何かあると簡単に還俗してしまう．自分のために出家した者は僧籍にあることの重みを自覚できない危険性がある．

　第三に挙げた連れ合いのために仏門に入る者は，それまで全く考えもしなかった宗教の世界に，一人の人を愛してしまったために飛び込んでくる．動機としてはかなり不純なように言われがちだが，このタイプの出家者は立派な住職になる確率が高いように見える．

　何しろ愛する相手と離れないために必死である．なまじの愛情なら逃げ出すところを覚悟を決めて入ってくるからとにかく腹が据わっている．特に動機に罪悪感を覚えている者は，非常に真摯な姿勢で修行に臨み，真剣に儀礼を通過してくる．世襲後継者にありがちな視野の狭さもなく，在家出身者に多い自我の発揮も少ない．

　最も素晴らしい僧侶になるのは，実はこの「愛するが故に坊主」なのかもしれないと思う．だがやはり問題点はあり，特に，出家の動機になった連れ合いと不仲になって離婚する場合，たいていは寺を出ることになる．事ここに至って僧侶であり続けられるのか，発心の問われるところである．

　「発心」，よく言われることである．寺院出身者は発心していない，在家出身

者は深い発心を持っている．自分は発心が足りない．あの方は素晴らしい発心の方だ．などなど人に対する攻撃でも，褒めるためにも，自分の反省の上でも良く使われる言葉だ．

　これはたいてい自分自身の行動に対する意識の持ちようを指して言われている．しかし，僧侶にとって本当に大切なのは外側に向けた意識ではないのだろうか．仏教僧侶はすべからく，三界の大導師となるべき存在である．三宝の一要素である．檀信徒の人生，大げさに言えば人間の存在・全ての命あるものを，泥をかぶっても我が身に引き受けようという誓いが「発心」ではないのか．

　この発心に思い至ることなく，自分ひとり清らかな場所にいることだけを是とする者には，僧侶たることの責任など感じることはできないし，まともな弟子を育てることは難しいだろう．

　「お坊さんになりたいというから，得度だけの約束で弟子にした．育成は誰かが何とかするだろう．費用も本人が準備する約束だ．後は知らない．」という御住職の話を聞く．無責任極まりない話だと思う．人一人，手をとって仏縁を決定付けておいて知らないでは済まされない．宗教者などという重いものをそんなに簡単に増産されては困る．どこの世界でも，むやみな量産は質の低下を招くものなのだから．

　文頭にも書いたが，弟子を取るならば精神的にも経済的にも一人前になるまで責任を持つべきだ，と私は考える．育てられない弟子なら取ってはいけない．師匠に育ててもらえなかった弟子のつらさは，私自身が痛いほど体感している．

　血縁による世襲制の利点の一つは，師匠が弟子を育成する意識を持つ可能性が高い，ということである．甘やかしで駄目和尚が育つ場合もあるが，子供の将来を考える親ならば，より良い僧侶になって欲しいと願う．尊敬される住職になって欲しいと熱意をもって育成する親和尚は多い．

5　学びの場の尊さ

　後継者の育成は師僧の責任ではあるが，寺院子弟の教育を補助し，仏教界の求める人材を育成する場として，各宗派の多くはそれぞれ大学等の教育機関を運営している．

　僧侶の育成という点で，私がもう一つ幸運だったのは，大正大学に学んだこ

とである．私の所属宗派は大正大の設立には関わっておらず，資格取得の経歴にならない．普通なら宗門の設立した大学へ進むところだが，大正大の授業方針や教授陣に魅力を感じて大正大に進学した．卒業して数年経ったが，すばらしいご教授をいただいたと感謝している．なかなか学ぶことのできない寺院運営や社会教化の基本がカリキュラムの中に盛り込まれていることは，学生が自坊に帰ったときに大きな助けになる．

　大正大学では仏教の歴史や思想・経論の理解は当然のこととして，現実にぶつかることが予測される諸問題を想定した授業をうけることができた．学生は，やる気さえあれば卒業と同時に寺を運営することができるほどの実践力を身につけることが可能である．また，僧侶としての基本姿勢を育て，檀信徒の存在を引き受ける立場になるのだと自覚させる授業内容である．教授達も宗派にこだわらず後進の育成に熱心な方が多い．ご自分達が，それぞれ寺院を預かる住職である立場からの授業は非常に説得力がある．

　随身（師匠以外の僧侶の下で生活しながら学び，修行すること）や各本山・近隣の大寺院に身を置くなど，現実に僧侶として法務をこなしつつ大学に通う者が多く，一見不真面目に見えても学ぶものは貪欲に学ぶという意識が強かった．多くの学生にとって，大正大学で学ぶことは卒業後の現実に直結している．ほとんどの場合，卒業してしまえば待ったなしで自坊に帰り実務をこなさなければならない．

　実際に１カ寺を預かる人材を育てる機関としての姿勢は，他宗派の私には羨ましいとさえ思える．教義的な問題でもあるので難しいのかもしれないが，時代に即した教化を考えるなら，自分の所属宗派にもこのような教育姿勢があって欲しい．典籍に通じ，経典の解読には優れた方が，檀家を抱える寺の僧侶としてはいささか自覚と行動力に書ける場合が多いことは，なんといっても残念である．

　宗派別授業は，自分の宗派の教義を理解し，特殊な作法や経典の解釈を身につけるためのものだが，希望すれば他宗でも在家でも受けることができ，より広い視野で仏教学を学ぶことができる．宗派の違う僧侶が一緒に学び，各宗が混ざり合っていることが当たり前な大正大学においては，大げさに銘打つことも持ち上げることもなく宗派間交流が成立している．他宗派同士の相互理解や友好関係のために，これほど効果のある手段が他にあるだろうか？この場で出

会う学生は全国各宗派の僧侶たちであり，将来にわたって友人として行き来するのである．

今回のシンポジウムでは，その大正大学を会場に，仏教だけではなく神道・キリスト教など，普段顔を合わせることが少ない他宗教の方々の現状にも触れることができた．

これを機会に，現在は関わりの少ない私の所属宗派を含め，さらに多くの宗派・宗教の後継者が共に学ぶことができるようになるのではないかと期待する．

少なくとも，各宗派それぞれの大学との間で相互に単位交換や一年留学などの形が認められ，僧階の取得につながれば，より広い視野で学ぶことができるようになる．学生達の意欲が高揚し，意識の高い後継者を育成することにつながるのではないだろうか．

スピリチュアリティを育み伝える

弓山達也

1　スピリチュアリティとは宗教経験それ自体である

　本稿の目的は，スピリチュアルケアに関わる人材養成をめぐる聞き取り調査（研修会の受講，養成機関やそこでの教師，受講者，スピリチュアルケア・ワーカーへのインタビュー）から，(1) 本来，非制度的特徴を第一義とするスピリチュアリティが制度に組み込まれるプロセスで浮上するスピリチュアリティの諸性格を検討することにある．そして (2) 宗教者がスピリチュアリティに意識的に関わることによって，それが宗教者自身の成長（僭越な表現が許されれば信仰の広がりや深まり）をなすものと筆者はとらえており，宗教者育成の観点からスピリチュアリティについても考察を進めるものである．

　ところで，鈴木大拙は今から約60年前に『日本的霊性』(1944) の中で，「霊性とは宗教意識と言ってよい」とし，「一般に解している宗教は，制度化したもので，個人的宗教経験を土台にして，その上に集団意識的工作を加えたものである．(略) 宗教的思想，宗教的儀礼，宗教秩序，宗教的情念の表象などというものがあっても，それらは必ずしも宗教経験それ自体ではない．霊性はこの自体と関連している」と論じている．

　言い換えると宗教教団の制度化した教義・儀礼・組織などの土台に宗教経験があり，霊性はこの宗教経験と関わるという．今，ここで霊性をスピリチュアリティと訳すことができるのならば，確かに，現代的なスピリチュアリティの特徴の一つも，大拙が指摘した制度化した教義・儀礼・組織と区別されるもの，つまり非制度的な宗教性にある．スピリチュアリティは，宗教制度から横溢し，しかもその現象は，先進諸国に共通してみられるグローバルなものとして我々の前に横たわっているのだ．

しかしながら同時に，このような非制度的なスピリチュアリティを何らかの形で制度の俎上に乗せ，訓練を施されたスピリチュアリティの担い手を養成する教育機関もできつつある．スピリチュアルケアに関わる人材養成は，その典型である．スピリチュアルケア・ワーカーの養成は，スピリチュアリティが「教団」という機構の一部に組み入れられ，その思想や技術が教師から受講者に「教室」で教授され，主に「病院」の現場でその効果が発揮されることが予想されるという，制度化されたスピリチュアリティのやりとりが念頭に置かれている．

こうした動向に筆者は次の二つの点で強い関心を有している．一つは，「スピリチュアリティとは何か」に関わってくる問題である．これまでのスピリチュアリティ研究によれば，スピリチュアリティは制度的な枠の中でのやりとりになじみづらいものとされた．教義や儀礼や組織に制度化する以前の，生き生きとした，しかしながら非定型で個人的な宗教体験こそが，スピリチュアリティとされてきた．だが，スピリチュアルケア・ワーカー養成の課題は，そのスピリチュアリティを制度化する試みといっていい．ここにスピリチュアリティが制度化される際に生じる諸課題を整理することによって，把捉しづらいスピリチュアリティの輪郭が浮かび上がってくるものと思われる．

今一つは，宗教者の育成に関わる問題である．大拙の前言を待つまでもなく，宗教は本来スピリチュアリティをその源にたたえ，社会に提供してきた経緯がある．しかし制度化が進み，スピリチュアリティが教義や儀礼や組織の鎧に覆われた時，スピリチュアリティは十分に展開されなくなる．通俗的に「既成宗教」「葬式仏教」と呼ばれるやや侮蔑的な表現は，スピリチュアリティが抜け落ち，制度のみに形骸化した宗教の姿がイメージされているのであろう．スピリチュアリティという語は，すでに一部の宗教関係者やニューエイジャーによって使われてきた経緯があるが，後述のように一般の人口に膾炙してきたのは90年代後半からである．しかも，最初は医療・看護関係者であり，その後に宗教者が自覚的かつ戦略的に，この語を用いはじめると筆者は見ている．スピリチュアルケアはその両者が交わる場面で展開する．その宗教者の自覚・戦略が，宗教者の育成と密接に関わっていることにも本稿では触れていきたい．

2 スピリチュアルケアへの関心の高まり

スピリチュアルケアの発想や実践自体は，宗教と医療との関係のごとく古くからあるものであるが，それが制度として確立していくのは最近のことである．これには WHO の 1990 年の報告書「がんの痛みからの解放とパリアティブ・ケア」において，身体的，心理的，社会的ケアとともにスピリチュアルケアが指摘されたことが一つの背景となっているとみてよいだろう．報告書では 11 章構成のうち，第 7 章を「霊的な (spiritual) 側面」にあてており，そこでは「霊的」の定義「人間として生きることに関連した経験的一側面であり，身体感覚的な現象を超越して得た経験を表す言葉」が示されている．もちろん同じく WHO が 1998 年に「健康」の定義をめぐる議論で，従来の身体的・精神的・社会的とならんでスピリチュアルな側面を加えようとしたことも，スピリチュアルケアへの関心を高める重要なはずみとなっている．

日本におけるスピリチュアルケアの展開は欧米より遅れたが，ターミナル・ケアの分野で 90 年代後半より，テクニカル・タームとしての「スピリチュアリティ」は普及し始めてきた．例えば，朝日新聞社系のデータベース（朝日新聞，AERA，週刊朝日）で，「スピリチュアル」＆「ケア」を検索すれば，25 件の記事がヒットするが，初出は 1996 年の 7 月 16 日に見られる（「「霊的」な痛み　日本的理解探る動きも（ホスピス事情 12）」）．また，薄井篤子「スピリチュアルケアと宗教」（『現代宗教 2002』p. 207）が指摘するように，緩和医療の誕生とそこでの患者の QOL の尊重という流れの中で，医療・看護の従事者とソーシャルワーカー，宗教者，患者家族，ボランティアなど幅広い層が関わる学会，研究会，市民グループが誕生してきている．

そうした学会の一つである日本死の臨床研究会（1977 年設立）では，神谷綾子「スピリチュアルケアということ」（カール・ベッカー『生と死のケアを考える』法蔵館，2000 年）がレビューするように設立当初から「宗教的痛み」「霊的痛み」「宗教的ケア」といった用語で，当該問題が議論され，90 年代に入って英語かカタカナ表記に落ち着いてきている．1999 年の第 23 回大会でシンポジウム「Spiritual Pain」が，2003 年には「全人的ケア—スピリチュアルケアの現状と将来」をテーマに第 10 回関東支部大会が開催されている．日本ホスピス在宅ケア研究会（1992 年設立）では，2002 年にスピリチュアルケア

部会ができ，すでに部会誌『スピリチュアルケア』も発刊されている．

　このよう中で，スピリチュアルケアに関わるスタッフの養成が求められ，いくつかの機関が動き出している．1998年にカトリック司祭のウァルデマール・キッペス師によって久留米で設立された臨床パストラルケア教育センターや2002年に発足した高野山真言宗のスピリチュアルケア・ワーカー養成講習会などが，それである．また，2003年に誕生した東京スピリチュアルケア協会のように，「古今東西の哲学的・宗教的叡智を援用もしくは善用」（ウェブサイトより）と，既存の宗教とは一定程度距離をとっていることを表明する団体もある（ただし現在は活動を調整中であり，本格化はしていない）．

臨床パストラルケア教育センター

　臨床パストラルケア教育センターは，「病む人とその家族，その友人及び医療スタッフなど，スピリチュアルペインを抱えている人々が，スピリチュアルケアを受けられる社会の実現を目指して」（臨床パストラルケア教育研修センター『臨床パストラル研修案内　2003年度版』p. 3）発足した．実施されている研修は，臨床パストラル・カウンセラー資格認定コース，臨床パストラルケアボランティア資格認定コース，臨床パストラルケア研修コースに分かれていて，これまで認定したカウンセラー約30名，ボランティアは5名で，受講者は看護士や精神科医など，医療スタッフが多いという（2004年現在）．

スピリチュアルケア・ワーカー養成講習会

　高野山真言宗社会福祉委員会では，社会活動の一環として，ひきこもり対策に取り組み，高野山高校でそうした児童の受け入れを開始，その指導・援助者の養成がきっかけでスタッフ養成が始まったという．そして「日本的なスピリチュアルケアとは何かを考え，現代の医療や福祉の場面で活動できる臨床的僧侶の役割を注視し，スピリチュアルケアの専門的理論と実践講習を企画，実習することとした」（大下大圓「現代医療福祉現場への密教福祉の導入」『密教学会報』41，2003年，p. 35）．研修は心の専門員養成講習とスピリチュアルケア・ワーカー養成講習に分かれていて，2004年時，心の専門員養成講習を終えた25名のうち，約20名がスピリチュアルケア・ワーカー養成講習への進学を希望している．受講者の6, 7割が僧侶であるが，その他，看護士，福祉施

研修名称	研修科目	研修方法	その他
臨床パストラルケア教育センター			
A 臨床パストラル・カウンセラー資格認定コース	Ⅰ　心理学的傾聴 Ⅱ　人間関係とコミュニケーション Ⅲ　価値観の明確化 Ⅳ　哲学的人間学 Ⅴ　神学的・宗教的人間論 Ⅵ　人格の統合 （Ⅰ～Ⅵ各5日間）	1. 講義 2. 患者訪問と記録 3. 心理学的グループワーク 4. スーパーバイザーによる個人指導 5. 瞑想・礼拝 6. 人間としての完成の歩み	自分の信念に関する哲学あるいは神学 （90分×60コマ） 3年以上のパストラルケアの実務
B 臨床パストラルケアボランティア資格認定コース	上記Ⅰ・Ⅱより1つを選択 Ⅲ　価値観の明確化 上記Ⅳ～Ⅵより1つを選択 （各5日間）	1. 講義 2. 患者訪問と記録 3. 心理学的グループワーク 4. スーパーバイザーによる個人指導 5. 瞑想・礼拝	自分の信念に関する哲学あるいは神学 （90分×10コマ）
C 臨床パストラルケア研修コース	Bコースと同じ	Bコースと同じ	
高野山真言宗			
A 心の相談員養成講習会	1. カウンセリング理論・演習 2. 臨床心理学・演習 3. 福祉理論 4. マネジメント論 5. 代替療法 6. 精神保健・医療理論 7. 仏教論・密教論 8. 密教福祉援助法 9. 医療福祉施設実習 10. 実践レポート （60単位＝120時間）	1. 講義 2. 演習 3. 実習	
B スピリチュアルケア・ワーカー養成講習会	A研修に加え（あるいはそれ同等の有資格者＝臨床心理士・精神保健福祉士などで） 1. 臨床心理学 2. コーディネーター論 3. スピリチュアルケア論 4. 臨床実習 5. 社会活動 6. 実践活動 （80単位＝160時間）	1. 講義 2. 演習 3. 実習	スピリチュアルケア・ワーカー認定には実務が必要

設職員，主婦もいるという．なお研修を終了したメンバーで構成する日本スピリチュアルケアワーカー協会は，2005 年に内閣府に NPO 法人申請手続きを行なった．そして 2006 年 4 月から高野山大学の既存の学科が再編され，スピリチュアルケア学科が設立されている（定員 1 学年 35 名）．

3　スピリチュアリティはどう伝えられているか

　さて，以上にように非制度的なスピリチュアリティをスピリチュアルケアという資格制度に乗せようという動きがでつつある中で，当事者はスピリチュアリティについて，どのように考えているのであろうか．ここでは，便宜上，それを (1) 教団，(2) 教室，(3) 医療現場の三つの場面に分けて考察していきたい．(1) では特定教団がスピリチュアリティをどのように拘束，つまり自らの教義や儀礼と結びつけてスピリチュアリティをとらえているかどうかが問題となる．(2) では，未信者も含めた受講者に教師が，(3) では，スピリチュアリティの担い手が患者に，どうスピリチュアリティを伝えうるかが問題となる．

(1) 教団から切り離され，担い手の価値観に根ざしたスピリチュアリティ

　スピリチュアルケアの人材養成をめぐって，教師はスピリチュアリティを教団とどう結びつけているのだろうか．これに関して，程度の差はあるものの，自らの教団とスピリチュアリティとを切り離して認識しているといえる．臨床パストラルケア教育センターの所長であるキッペス師は，インタビューの際に開口一番「（この研修は）カトリックではないんです」と断言し，スピリチュアリティと理解とカトリック信者であることの分離を強調している．しかしそのキッペス師も哲学・神学の重要性は指摘する．臨床パストラル・カウンセラー研修には 90 分 × 60 コマの「哲学・神学」が必修とされ，このことについて，キッペス師は，

　　（多くの日本人が言うように）「宗教はどれも同じ」とは思わない．自分が自分のことをはっきりしないと，考えがないとケア・ワークにならない．自分が自分の人間論をつかんでいないと失礼．ほとんどの看護師には，それがない．人生で，何で生まれてくるのか，死ぬのかを考えたことがないのに病室に入るのは失礼だと思う．何で人間が苦しんでいるのか，医者が

考えていない．基本的なことがわかっていなければ，スピリチュアルケアができない．

と現状を批判する．

一方，スピリチュアルケア・ワーカー養成講習会の実質的なオーガナイザーである大下大圓師は，講習会を最初から高野山大学で実施することを理想と思っていたが，すぐには大学側の理解は得られず，宗門機関において，その企画と資金で4年間の研修を実施した．その成果もあって，前述のように高野山大学に2006年開講のスピリチュアルケア学科が設置されることとなった．しかし，「スピリチュアルケア・ワーカーの研修についてはいつまでも本山に頼るのではなく，社会の中—具体的にはNPOなどにして，もう少し中立的なもの，高野山真言宗だけでなく，日本的スピリチュアルケアを学ぶ場があるとしたい」と，資格認定自体は宗門と切り離した計画をしている．また，キッペス師と同様に「関わる側がしっかりとした死生観をもっていないと関われないでしょう」と，霊性の担い手の価値観について強固なものを前提としている．

このように臨床パストラルケア教育センターもスピリチュアルケア・ワーカー養成講習会も，教団の内側から始まった運動であるにもかかわらず，自らの教義や儀礼と結びつけてスピリチュアリティをタイトに拘束してはいない．もちろん両研修にカトリックや真言密教の宗教施設や儀礼は少なからぬ影響を与えていると思われるが，むしろ，そこでは受講生の一人一人の価値観の形成に重きが置かれている．

(2) 教団用語を使わずに伝えるスピリチュアリティ

特定の教団と切り離されたスピリチュアリティは，教室でどのように教師から受講者に伝えられているのであろうか．二つの研修とも，教室外での実習もさることながら，教室内でのロールプレイなどのワークを重んじている．大下師は，先の死生観を持つことの重要さとからめて，受講者の死生観を「揺り動かす」ロールプレイの実践を展開するという．大下師とともに養成講習会を担当する講師（兼スーパーバイザー）は「スピリチュアリティは教えられない．それは言葉にすると，スピリチュアリティがなくなる．霊性を失う」という．臨床心理士でもある彼は，「教えられるテクニックはある．臨床のテクニックや催眠など……，しかし何のための生きるのか，死ぬのかは教えられない」と

臨床パストラルケア一日研修会

時間	研修内容	備考
09:30-09:35	オリエンテーション	
09:35-09:45	自分と共に居る時間	沈黙の時間
09:45-10:45	講義 隣の人と挨拶を交わすワーク	
	（休憩）	
10:55-12:30	講義 健康に関するワーク	
	（昼食）	
13:45-14:15	ギター奏者によるミニコンサート	2つのギターが共鳴しあうことの紹介
14:45-15:10	体験談 講義 スピリチュアリティに関するワーク	
	（休憩）	
15:25-16:45	ガン告知に関するロールプレイ 自分と共に居る時間 受講者で輪になって手をつなぎ合唱 ふりかえり 後かたづけ	沈黙の時間5分 滝廉太郎「花」 初参加者のスピーチ
16:50-17:40	ミサ	希望者のみ

しながらも，「受講者の苦悩を導き出し，自己開示してからでないと（スピリチュアリティは）伝わらない」といい，講義は必ずクライアント体験から始めるという．

　筆者が受講した臨床パストラルケア研修の一日研修でも，講義と並んでロールプレイなどのワークがセットになっていた．さらに，受講者のほとんどがミサで聖体拝領をしていたことから，受講者の大半はカトリック関係者と思われるが，ワークでは教会用語が用いられなかった．

　キッペス師は，どれだけスピリチュアリティが伝わるかということに関して，「訓練である．もしかするとカトリック信者よりも（非信者の方が）スピリチュアリティがよく伝わるかもしれない」と述べたうえで，カトリック信者には「カトリック用語を使わないでください」「自分の言葉で喋るように」という指導をするという．例えば神ということを言わずに「自分の中に支えがある」「信頼できる対象がある」「内なる声」が用いられる．これは「自分の言葉で語ることは自分の体験になる．借りている言葉で言いますと良い言葉になりますが，（体験を）失ってしまうかもしれない」という意図によるものだという．

184　現代における宗教者の育成

同じことは「宗教家がスピリチュアルケアに関わるのは難しい」と，先の養成講習会の僧侶の講師も述べているが，本来，スピリチュアリティに関わる宗教者だからこそ，一端，自らが寄って立つ文脈を壊し，そこから離れて自らの言葉で語り始める時，他者に語りうるスピリチュアリティが獲得されるものと考えられる．

(3) 育まれるスピリチュアリティ
　あえて教団用語を伝えずにスピリチュアリティを伝える技術は，医療現場でも実践されている．例えば，大下師が臨床現場（高桑内科クリニック）で患者に対して用いる瞑想法がCD「希望の瞑想」になっているが，そこには次のようなメッセージが語られている．

　　仏さまをイメージできる人はその方からエネルギーをもらうようにします．
　　また，曼陀羅をイメージしていただいても結構です．
　　特定の信仰のない方は大いなる宇宙的な大自然のエネルギーをイメージします．
　　わかりにくい方は，暖かな太陽のエネルギーを感じてみてください．

　長野県下でスピリチュアルケアに従事している臨済宗住職は，医療現場では相手の話を聞き，手を握ることが中心で，そこに仏教用語を用いた話は介在しないという．キッペス師もその著書『スピリチュアルケア』（サンパウロ，1999年）で「スピリチュアルケアはアドバイスを与える行為ではない」（p. 269）と述べ，医療現場では患者と共に語るのではなく，患者について語ることが行われている点を批判している（pp. 275-276）．

　このようにスピリチュアルケアの現場では，宗教的な教化・教導のイメージはなく，むしろ患者との人間関係や分かち合われる体験の重要性が指摘される．そしてそこではスピリチュアルケア・ワーカー自体のスピリチュアルな成長も促される．パストラル・カウンセラーの資格を認定され，病院に復帰して2ヶ月半になる，ある看護師は「自分の中の声」「内なる声」を信じることで，自分の中のスピリチュアルな次元を認め，人間にはスピリチュアル次元があるということを確信するに至ったという．そして患者との交流の中で，

　　重い病気であったり，痴呆だったりしても，霊的な部分に関わらせていただいていると，その人の中から出てきたと思われる反応が返ってきます．

それが日々育っていくというか，健康な部分に接しているというか，そういうケアがあるんだなぁという確信をもって仕事をさせていただいております．

と述べ，「病院勤めが苦痛ではなくなった」と自分の変化を強調している．

4　スピリチュアリティと宗教者の育成

　これまでスピリチュアリティが資格をともなう制度の俎上に乗せられとき，どのようなやりとりがなされているのかを瞥見してきた．本稿の目的は (1) 本来，非制度的特徴を第一義とするスピリチュアリティが制度に組み込まれるプロセスで浮上するスピリチュアリティの諸性格と，さらに (2) 宗教者育成の観点からスピリチュアリティについても考察を進めることであった．そこで浮かび上がったスピリチュアリティの性格を宗教者育成の観点を踏まえながら，以下に4点にまとめてみたい．

(1) スピリチュアリティの個人的な性格と，その定量化

　二つの研修では，スピリチュアリティの資格認定を行なうものの，スピリチュアリティの定式化や身に付いた／ついていない，とか，深まった／深まっていない，という担い手のスピリチュアリティの吟味には，それほど多くの関心を払っていない．むしろそこには，スピリチュアリティを教団の枠から解放し，自らの価値観を背景とした個々人の中で位置づけることによって，スピリチュアリティの力を担い手に身につけさせていく志向性が確認できる．言い換えればスピリチュアリティは制度の中にあっても極めて非制度的かつ個人的な性格を帯びていることが再確認されたといえよう．

　ただ，筆者は，こうした志向性は過渡期的なものと考えている．実際，心理学的なスピリチュアリティ研究ではスピリチュアリティの構成概念についての定量的研究も珍しくなく（例えば中村雅彦 他「看護職者のスピリチュアリティに関する価値／信念の個人別態度構造分析」『東海大学健康科学部紀要』10号，2005年，同「看護師と看護学生のスピリチュアリティ構成概念に関する研究」『トランスパーソナル心理学／精神医学』5, 2004年，同「個人別態度構造分析による看護師のスピリチュアリティ構成概念に関する事例研究」『ト

ランスパーソナル心理学／精神医学』5, 2004 年)，また今後，スピリチュアルケアを担う宗教者が医療・看護現場スタッフとのコラボレーションを展開する時，こうした意味での実証性は欠かせなくなると思われる．

(2) スピリチュアリティの非定型的性格と，その定式化

　スピリチュアリティの非制度的かつ個人的な性格は，教団用語を用いずにパラフレイズするという教育や現場での実践と密接に結びついていると理解できる．教団がスピリチュアリティを自らの枠内に取り込もうと資格制度を作りあげる過程でも，スピリチュアリティが伝えられる現場では，教団から離れ，教団用語から解放されていく志向性が強く確認される．それはスピリチュアリティが定式化や概念化されるものというより，常に形を変え，養成現場の教師と受講者や医療現場のワーカーと患者との関係によって育まれ，成長していく性格のものであることあることを示している．

　もっとも上記のスピリチュアリティの定量的研究と同様，今後はスピリチュアリティ学のテキスト作成や教授法の研修など，何からの形でスピリチュアリティの定式化が進み，教授の俎上に乗せる試みが繰り返されるであろう．スピリチュアリティが本来の個人的・非制度的性格を失い，換骨奪胎された時，また新しい宗教性を求める運動が出てくるかもしれない．

(3) スピリチュアリティと教団の活性化

　非制度的かつ個人的な性格とはいうものの，スピリチュアリティが制度化された教団と相容れない訳ではない．スピリチュアリティの担い手たちは，そのことを強く自覚している．キッペス師は，カトリック病院が宗教法人立から社会福祉・医療法人に鞍替えする傾向を嘆き，「そうするとカトリック精神がなくなってしまう．そうなる前にパストラルケアを確立してほしい」と発願し，人材育成に乗り出したという．

　先の僧侶の講師も，講習会制度について「(宗教の) 自己回復運動は一つのキーワード．宗教が宗教たらんとする霊性の回復」という．大下師はスピリチュアルケア・ワーカー養成を「坊さんのリカレント教育の一環」と位置づけ，

　　理論と修行していただけで，坊さんになれたが，それでは不十分というのが僕の見解．それに加えて現代の課題というものを学習しながら，その問

題にアタックできる専門家を養成したい．宗教家が宗教儀式をやっている時代じゃないだろう．社会に入って行ったり，社会に必要となったり……，入っていける力を養いたい．

　この研修は僧侶の人の目覚めにもなった．僧侶自身のスピリチュアリティも磨かれていった．みんながワーカーになるんではなくても，研修を受ける人が気づけばいいんで，みんながそういうことに気づいていった．人間の内面化されていたものが重要だったことを——．

と語る．

　つまりスピリチュアリティの導入により，教団の活性化なり，宗教の再生なりが期待されているのがわかる．日本でスピリチュアルケア・ワーカー養成が始まったばかりの今，実際がその期待が実を結んでいるかどうかは不明であろう．しかしながら少なくとも当事者にとって，スピリチュアリティが教団の根幹を支えるものとして認識されていることは，スピリチュアリティの重要な性格として指摘しなければならないだろう．

(4) スピリチュアリティに関わることが宗教者を育成する

　こうした教団の活性化は宗教者が育成されることによって達成される．現在の宗教者の育成は，教義と儀礼を中心に学ぶ．しかしスピリチュアルケアの研修では，一端，自らのよって立つ宗教伝統から身を離し，自らの言葉で自らの体験を語ることが求められる．専門家が専門用語を駆使して専門家集団でものを語ることは，ある意味容易い．しかし専門用語を使わずに市井の人々に語ることができる専門家こそ，本当にその用語を理解していることであり，その時，用語の意味もそれを使う想いも伝えることができる．スピリチュアルケアの研修とは，そうした試みに違いない．研修の当事者たちが「自分の体験」（キッペス師）や「リカレント教育」（大下師）と強調した点は，ここにあると言ってよい．

　冒頭にも述べたように，人類の文化において，スピリチュアリティを担ってきたのは宗教であることは間違いない．スピリチュアルケアのような医療や看護だけでなく，教育の現場でも，今，宗教の叡智を援用することが示唆されている（宗教教育のみならず，いのちの教育など）．こうした場で，宗教者が自らの宗教教団の用語法と切り離して，自らの体験を語る取組みは，その宗教者

が世俗や他宗教と出会い自らの信仰を深めていく契機につながるに違いない.そこでの信仰の深まりが新たな経験を切り拓く.スピリチュアリティに関わること自体が宗教者を育成するのだ.

　本稿は,樫尾直樹編『アジア遊学』84［特集 アジアのスピリチュアリティ］(勉誠出版)収録の拙稿「霊性と資格」を加筆修正したものである.

あとがき

　国際宗教研究所は，1954年に財団法人として設立された時から宗教界と宗教研究者をつなぐ重要な役割を担ってきた．とりわけこの10数年間は若者や女性と宗教との関わり，阪神大震災，宗教法人法改正，宗教教育，生命倫理など，時宜にかなったテーマを掲げてシンポジウムや書籍の発行を行なってきた．本書は，こうしたテーマから比べると，やや地味なテーマなのかもしれないが，教団に内在する最も根元的なテーマの一つを扱っていると筆者は確信している．そして宗教者の育成とは，序にも述べたように，独り教団の関心事ではなく，社会の豊かさをにらむ重要な課題をはらんでいるという認識を筆者は持っている．本書でもたびたび用いられたスピリチュアリティの問題などは宗教界や宗教研究ではもちろん，一般お茶の間でも，まことにホットな話題になりつつある．宗教界と宗教研究者とをつなぎ，その議論を市民に開いていく国際宗教研究所にあっては，宗教者の育成やスピリチュアリティの向上については，今後もとりあげていくべき課題であると筆者は考えている．

　最後に筆者と本テーマとの関わりに触れることをお許しいただきたい．

　筆者は1993年から国際宗教研究所の研究員をつとめている．現代の宗教状況には強い関心はあったが，それまではどちらかというと江戸末期から戦前までの新宗教の研究をしていた．しかし研究所に勤務するようになって，教団の方々との交流を通して，現代に息づく宗教現象と直接関わりを持つこととなった．こうした活動から，教団人が子弟教育や後継者養成に関して，強い危機感を持ちながらも，あまり多くを語ろうとしないことに気づいた．同じ状況は筆者が関わりをもった宗教系の教育機関でも同じであった．ただ特定の教団に属さないが，この問題に発言するのは，それこそ「釈迦に説法」と躊躇いを感じたのも事実である．宗教研究者が信仰の問題に軽々しく立ち入ることは避けな

ければならない．

　しかし1995年のオウム真理教事件は，宗教研究者が何か透明の存在で自らの調査対象である宗教に臨めるのは幻想であるということを教えてくれた．むしろ宗教研究者の宗教界に対する責任ある発言と協働が必要なのであろう．また兼務していた財団法人全国青少年教化協議会での仏教アントレプレナー養成講座（21世紀の仏教者として時代の要請に応えることのできるプロフェッショナルな青年僧侶の育成研修）の準備で，実際に子弟教育のプログラム作りに関わったことも大きかった（同財団編『せとぎわの仏教』鎌倉新書，2005年）．筆者がスピリチュアリティという課題や宗教者の育成という，教団に内在する問題に関心をもったのは，このような経緯からである．

　さて，そのような思いを胸に，国際宗教研究所の会議の場で，この問題に関わるシンポジウムを提起した際に，意外にも教団人から好意的に受け入れられ，シンポジウムの運びとなった．本書を編集している際に，執筆者の一人から「宗教は宗教者だけの問題じゃない，人間の問題なんだ」というエールをいただいたことも大きな励ましとなった．シンポジウムの開催と本書の編集に関して，多くの方々からお知恵とお力を頂戴したことにお礼を申し述べたい．また本書を世に問うことの意義については，大正大学よりご理解を賜り，大正大学出版会からの発行となった．そして同会の新井俊定さんが担当してくださり，このようにきちんとした形となった．ここの謝意を表したいと思う．願わくは本書が多くの方に読まれ，宗教者の育成，ならびに宗教の意義について，市民も巻き込みつつ議論ができれば，これ以上の喜びはない．

2006年3月　　弓山達也

執筆者紹介

編者　財団法人国際宗教研究所

アメリカ人の日本宗教研究家 W. P. ウッダード博士と，東京大学教授岸本英夫博士の発案により，1954 年 5 月 4 日に財団法人として設立．現在は日本の数十に及ぶ宗教団体や研究機関を賛助会員とし，また多くの個人会員に支えられ，的確な宗教情報の提供や宗教研究の推進，また宗教者・ジャーナリスト・宗教研究者の相互理解の深化を目指して，活動を行っている．『新しい宗教施設は必要か』(ぺりかん社，2004)『かわりゆく家庭』(本研究所，2000)『インターネット時代の宗教』(新書館，2000)『教育のなかの宗教』(新書館，1998) など編集・出版物が多数ある他，学術誌『現代宗教』季刊『国際宗教研究所ニュースレター』を刊行．また併設する宗教情報リサーチセンター (http://www.rirc.or.jp/) からも季刊で『ラーク便り』を出版．

問い合わせは

〒165-0035 東京都中野区白鷺 2-48-13

Tel/Fax 03-5373-5855　URL http://www.iisr.jp/

責任編集　弓山達也（ゆみやま　たつや）

大正大学教授．財団法人国際宗教研究所研究員・評議員．

主な著書に『天啓のゆくえ』(日本地域社会研究所，2005)『スピリチュアリティの社会学』(共編，世界思想社，2004)『癒しを生きた人々』(共編，専修大学出版局，1999)『癒しと和解』(共編，ハーベスト社，1997)『祈る　ふれあう　感じる』(共著，IPC，1994)．

スピリチュアル・ナビゲーター (http://www.spinavi.net/) を共同運営．

http://my.spinavi.net/yumiyama/

執筆者

戒能信生（かいのう　のぶお）
　日本基督教団東駒形教会牧師，日本基督教団農村伝道神学校・日本聖書神学校講師

塩入法道（しおいり　ほうどう）
　大正大学助教授，天台宗信濃国分寺住職

松本　丘（まつもと　たかし）
　神社本庁教学研究所録事，國學院大學兼任講師

安井幹夫（やすい　みきお）
　天理教一広分教会長，天理教校研究所研究員

井上治代（いのうえ　はるよ）
　東洋大学助教授

対馬路人（つしま　みちひと）
　関西学院大学教授

安達俊英（あだち　としひで）
　佛教大学助教授，浄土宗円通寺副住職

藤本頼生（ふじもと　よりお）
　神社本庁教学研究所録事，國學院大學日本文化研究所共同研究員

篠崎友伸（しのざき　とものぶ）
　立正佼成会学林学長

本山一博（もとやま　かずひろ）
　玉光神社権宮司

髙丘捷佑（たかおか　しょうゆう）
　曹洞宗僧侶

コラム執筆者

輪田友博（わだ　ともひろ）
　2006年大正大学卒業

福島謙一（ふくしま　けんいち）
　2006年國學院大學卒業

池田佑子（いけだ　ゆうこ）
　2004年大正大学卒業

現代における宗教者の育成

2006 年 5 月 10 日　第 1 刷発行

編　　者　　財団法人国際宗教研究所
責任編集　　弓山達也
発 行 者　　星野英紀
発 行 所　　大正大学出版会
　　　　　　〒170-8470
　　　　　　東京都豊島区西巣鴨 3-20-1
　　　　　　TEL 03-3918-7311（代表）
　　　　　　FAX 03-5394-3038
　　　　　　URL http://www.tais.ac.jp/press/
装　　丁　　三陽社デザイン室
印刷・製本　　株式会社三陽社

© 2006 財団法人国際宗教研究所
printed in Japan　ISBN4-924297-35-6

司馬春英 著
唯識思想と現象学
──思想構造の比較研究に向けて──

A5判　558頁
定価8925円

星川啓慈・山梨有希子 編
グローバル時代の宗教間対話

四六判　300頁
定価2520円

大正大学綜合佛教研究所梵語佛典研究会 編
梵蔵漢対照『維摩経』『智光明荘厳経』

B5判　856頁
定価13650円

藤原聖子 著
「聖」概念と近代
──批判的比較宗教学に向けて──

A5判　400頁
定価6300円

大正大学出版会　既刊　　　　定価は消費税5％込みです